国家重点档案专项资金资助项目

民国时期重庆民族工业发展档案汇编

重庆电力股份有限公司

第④辑

重庆市档案馆◎编

唐润明◎主编

西南師範大學出版社
国家一级出版社 全国百佳图书出版单位

目录

三、会议纪录（续）

目录

三、会议纪录（续）

重庆电力股份有限公司第九十八次董事会议纪录（一九四六年十月二十一日） 0219-2-156

油印

重庆电力公司第九十八次董事会议纪录

时间 三十五年十月二十一日下午三时

地点 本公司会议厅

出席 周见三 袁材文 赵菁垣代
赵雨圃 刘敷五 石体元
徐广迟 [illegible] 康心如 周见三代
程本臧 周季悔 傅友周

列席 吴总工程师锡瀛

主席 石体元

纪录 张丹忱

1254

讨论事项

一、盛泽闿请免追偿损失案

程总经理说明 据告北电力公司借用

第三厂主任盛泽闿一案，经本

年九月二十四日本会第九十七次会议讨论

并决议「由总经理张家祉说明公司须照

规定向盛追还损失」。兹据盛泽闿

来函请予原情免追，应如何办理

敬请

讨论

重庆电力股份有限公司临时董事会议纪录（一九四六年十二月十一日） 0219-2-156

重慶電力公司臨時董事會議紀錄

時間 三十五年十二月十一日下午二時

地點 本公司會議廳

出席

列席 吳總工程師錫瀛

張科長儒修

黃科長大庸

主席 寧芷邨

紀錄 董毓庚

131-1

報告事項

一、報告九、十兩月份會計月報案

決議：查閱表報存查

討論事項

一、調整職工待遇案

吳總工程師説明：職工代表陳鐵夫、章疇敘等前為物價高漲生活維艱職工等痛苦不堪，擬具要求調整待遇辦法四項請求調整以維最低生活案，並經十一月十九日臨時董事會議決照差額百分之六

重庆电力股份有限公司临时董事会议纪录（一九四六年十二月十一日） 0219-2-156

132

十五項支左案現復擬致工代表以卅月來
物價又上漲百多生活異趨艱窘請求
調整待遇估敵府解決以維現狀俾便
安心工作等由程代總經理寄回劉代
董事長書面意見是否可行敬請
公決
決議：自三十五年十一月份起除第二級（十一級）第三級津貼照原案外
府新加百分之六十一般津貼
月應支額加百分之四十
〇新辦理十二月份借支照扣

132-1

十月份以前係董事会通過之借支作为各该月職工生活调整費自係此次调整後不得以任何理由再向公司請求借支

二、調整職工办公費交通費及出勤津貼案

吴总工程师说明：本公司職員办公費交通費及出勤津貼等項係三十五年一月十七日第六十二次董事會議决每六個月依據物價指數調整一次上次调整係在本年六月指數为三四〇四一五现已届满半年指數为四

重庆电力股份有限公司临时董事会议纪录（一九四六年十二月十一日） 0219-2-156

133

八四八二二增高一四四四〇七，应增加百分之四十二，自十二月份起调整实行，是否仍应调整，提请公决。

附办公费交通费及出勤津贴表

一、办公费

职别	原支额	拟改额	附注
总经理	六四六〇〇元	九二四〇〇元	
总工程师	三九一〇〇	五六〇〇〇	
科长 秘书 稽核	三〇六〇〇	四三八〇〇	
副主任 科长	二四六五〇	三五三〇〇	

134

車費	一五,九八〇	二三,八〇〇
乙種出勤津貼膳費	一四,六二〇	二一,〇〇〇
車費	七,九九〇	二一,五〇〇
丙種出勤津貼膳費	一〇,四五五	二五,〇〇〇
臨時出勤津貼車費	七,九九〇	二一,五〇〇
股長以上	一一,二二二元	一,六〇〇元
技工科員	九〇一	一,三〇〇
帮工	六九七	一,〇〇〇
小工	四九三	七〇〇
廠房值班津貼		

1347

工務員技工	六九七	一，〇〇〇
帮工	三四九	五〇〇
小工	二三三	四〇〇
值日車駈	九〇一	一，三〇〇

決議、照准

重庆电力股份有限公司临时董事会议纪录（一九四六年十二月十一日） 0219-2-156

重庆电力股份有限公司第九十九次董事会纪录（一九四六年十二月二十一日） 0219-2-156

重慶電力公司第九十九次董事會紀錄

時間：卅五年十二月廿一日下午二時

地點：本公司會議室

出席：浦心雅 陈子坚代 袁炳文 丁宗許代 甯芷邨

周季悔 甯代 劉敷五 徐廣遲 敷五代

劉航琛 程本臧 伍劍若

石竹軒 劍若代

列席：張科長儒脩

主席：甯芷邨

紀錄：閻仲雲

重庆电力股份有限公司第九十九次董事会纪录（一九四六年十二月二十一日） 0219-2-156

討論事項

一、卅五年度職工年終獎金貸金應如何發給案

決議：照卅三年度成案，職工一律發給本年度實得薪津辦公費等總額十二分之二之貸金及按照最後一個月之薪工額（附加在內）兩個月之獎金，辦理分兩次發給，陽曆年後十號以前發一半，陰曆年前發一半。至福利基金保息之三億元，俟劉董子亮返渝後再決定分配辦法及發給日期

一、宗副科長達全請長假請核發退職金案

重庆电力股份有限公司第九十九次董事会纪录（一九四六年十二月二十一日） 0219-2-156

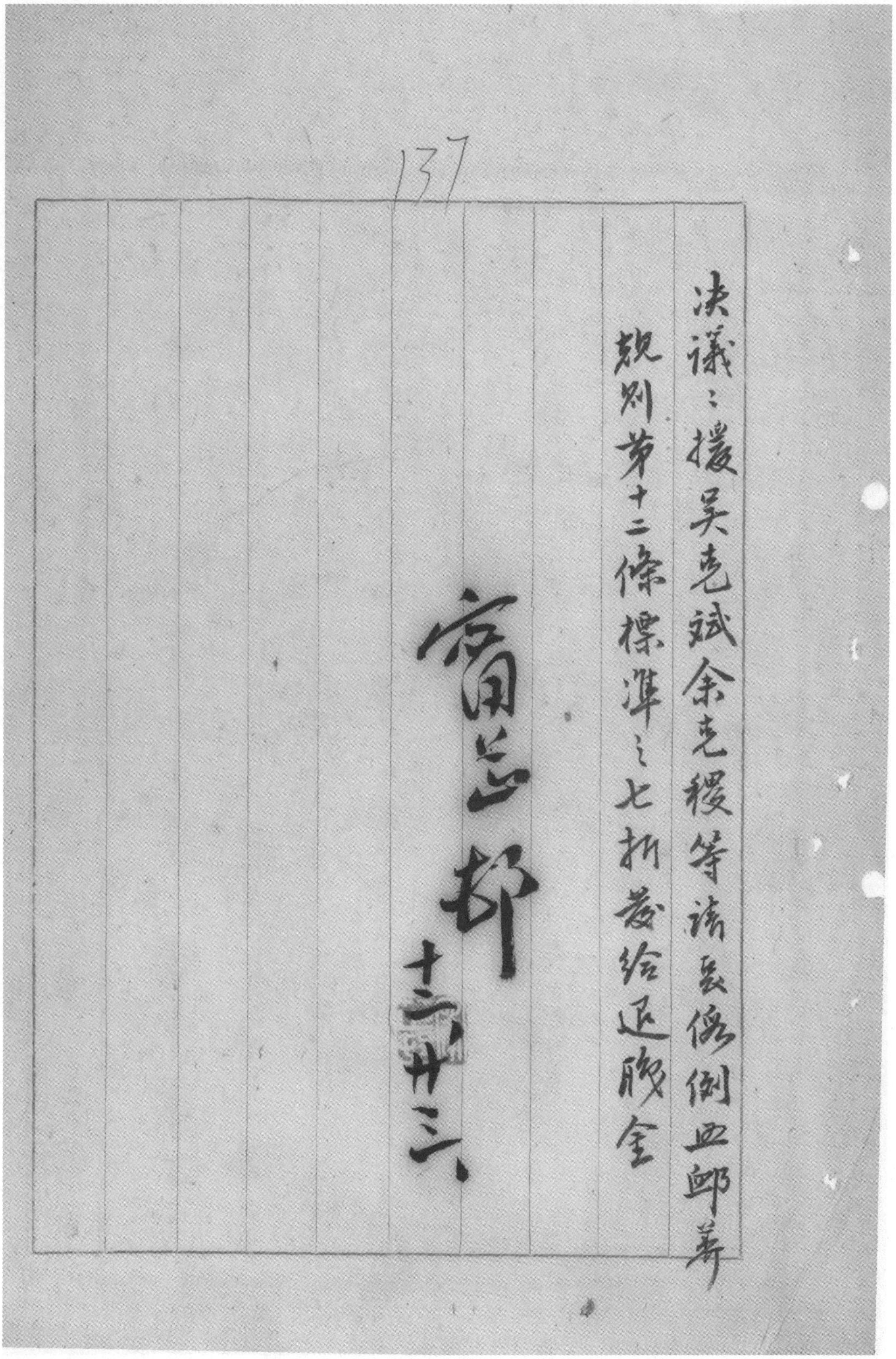
137

决議：援吳克斌余克稷等請長假例照郵務規則第十二條標準之七折發給退職金

十二　廿三

重庆电力股份有限公司第一百零四次董事会议纪录（一九四八年一月二十日） 0219-2-193

F10066/下

8P

重慶電力公司第一〇四次董事會議紀錄

時間 三十七年元月二十日下午三時

地點 本公司會議廳

出席 徐廣遲、[illegible]、劉敷五

趙雨圃、康心如 張[illegible]一代

傅友周 潘昌猷 友周代

程本臧

列席 吳總工程師錫瀛

主席 劉敷五

紀錄 張君[illegible]

重庆电力股份有限公司第一百零四次董事会议纪录（一九四八年一月二十日） 0219-2-193

報告事項

一、本公司自元月份起遵照全國經濟委員會決議電價計算公式收取電費案

說明 全國經濟委員會以值此物價波動頻繁各種公用事業價格時需調整為求價格之調整合理必須有適當之公式為計算及審核之準則決定自本年元月份起實施新定計算公式本公司自本月份起照公式計算電費較以前所用煤價調整辦法稍為合理財務狀況或可改善再政府核准增收重置設備費每度八十元自本月份起同時取消謹此報請 備查

決議 准予備查

二、冬季儲煤借款三十五億元案

說明 本公司鑒于冬季江水日枯運煤困難經呈准政府商由四聯總處重慶分處貸款儲煤款三十五億元月息六分期間六個月自三十六年十二月三十一日起至三十七年六月三十日止由中央信託局為代表所派遣稽核及煤棧監管員駐在公司稽核有關本借款賬冊單據本公司現已向天府寶源兩公司簽訂儲煤合同計天府於一二三月份中每月上運三千噸寶源於元月份交二千噸二月份一千五百噸三月份五百噸煤價均以社會局核定之當月份價格為準謹此報請 備查

決議 准予備查

重庆电力股份有限公司第一百零四次董事会议纪录（一九四八年一月二十日） 0219-2-193

討論事項

一、三十六年度員工攷績案

說明：茲擬定三十六年度員工攷績辦法是否可行提請

公決

一、本年度員工考績依本辦法辦理之

二、除總經理由董事會攷核及總工程師主任秘書主任工程師秘書正副科長組長廠處社正副主任由總經理攷核外其餘員工一律由各主管科廠處組社主管人初核報由總經理覆核

三、凡服務未滿一年之員工不攷績

四、派遣及自費出國人員一律停止攷績期滿回公司後亦不補攷

五、考績等級分甲乙丙丁四種甲等加三級乙等加二級丙等加一級丁等不加

六、各單位攷績甲等者不得超過其全部人員百分之三十

七、攷績表由人事股印製分送各單位

八、各單位攷績表應在三十七年　月　日以前簽呈總經理覆核

九、調職員工之考績由現在服務之單位主管人會同原單位主管人辦理之

十、本辦法如有未盡事宜得由總經理遵行規定報董事會備查

十一、本辦法由董事會議決公佈實行

決議 候劉董事長回渝決定 下次董會再議

六、富源水力發電股份有限公司增值增資
請本公司照原股額比例增加投資案
說明 北碚富源水力發電股份有限公司原有股
本四千萬元 本公司投資一百萬元 現該公
司將原有資產重估增值為四億壹仟陆佰
万元（本公司攤分一千零四十万元）由新股東增加現金股捌仟肆佰万
元 本公司依照比額攤認加貳佰壹拾万元
使增值部份資本共為伍億肆仟万元
另再向原股东募集資本肆億陆仟

81

万元俾全部资本共为壹拾亿元此项增资股份本公司应拨还壹仟壹佰伍拾万元两共应缴现金股壹仟叁佰陆拾万元本公司股份总额共为贰仟伍佰万元现金股应否照缴敬请

公决

决议 照缴

主席 刘○○

重庆电力股份有限公司第一百零四次董事会议纪录（一九四八年一月二十日） 0219-2-193

重庆电力股份有限公司关于检送一九四八年四月三十日临时董事会选举董事及监察人结果致重庆电力股份有限公司董事会各董事、监事（一九四八年五月三日）　0219-2-222

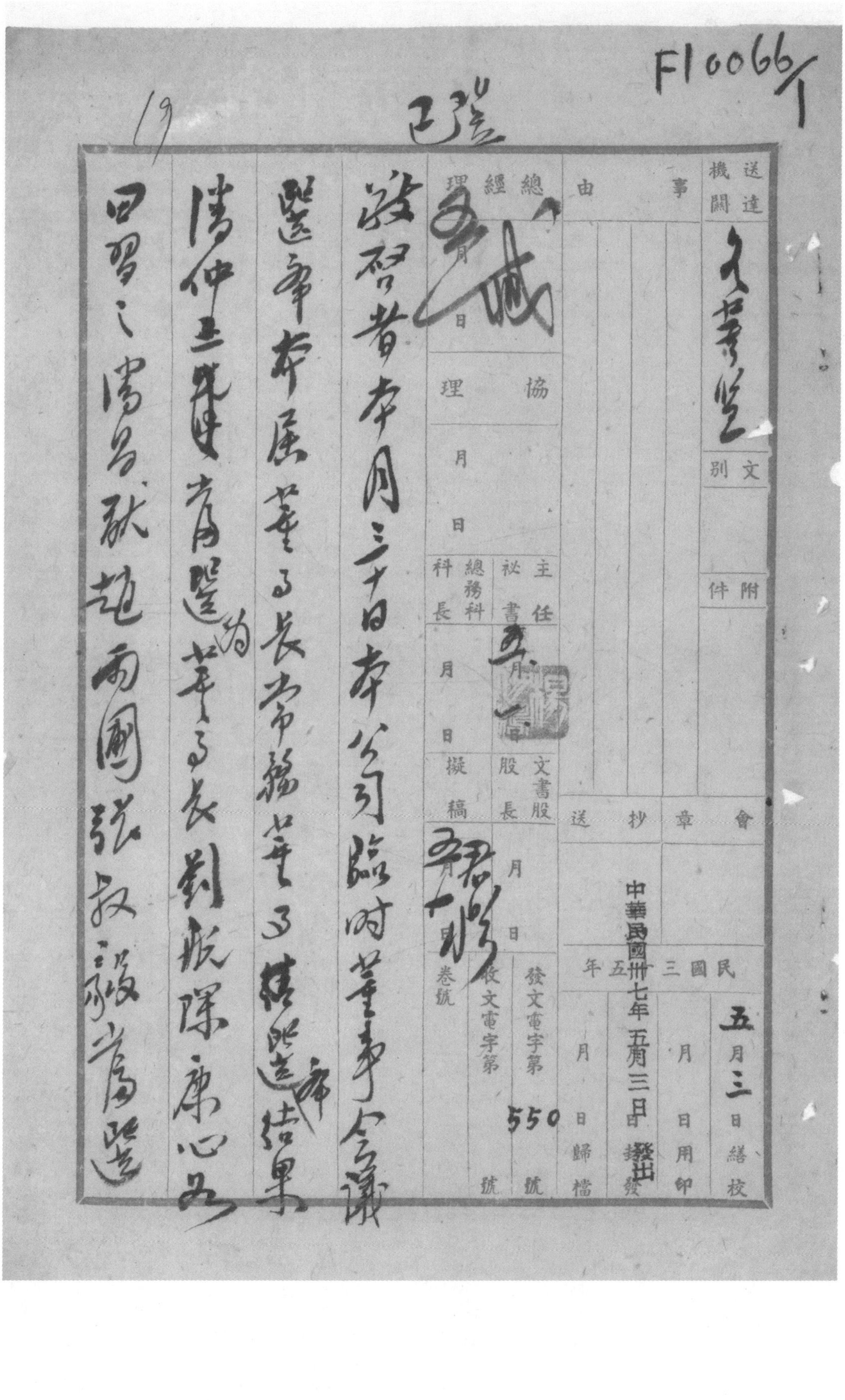

重庆电力股份有限公司关于检送一九四八年四月三十日临时董事会选举董事及监察人结果致重庆电力股份有限公司董事会各董事、监事（一九四八年五月三日） 0219-2-222

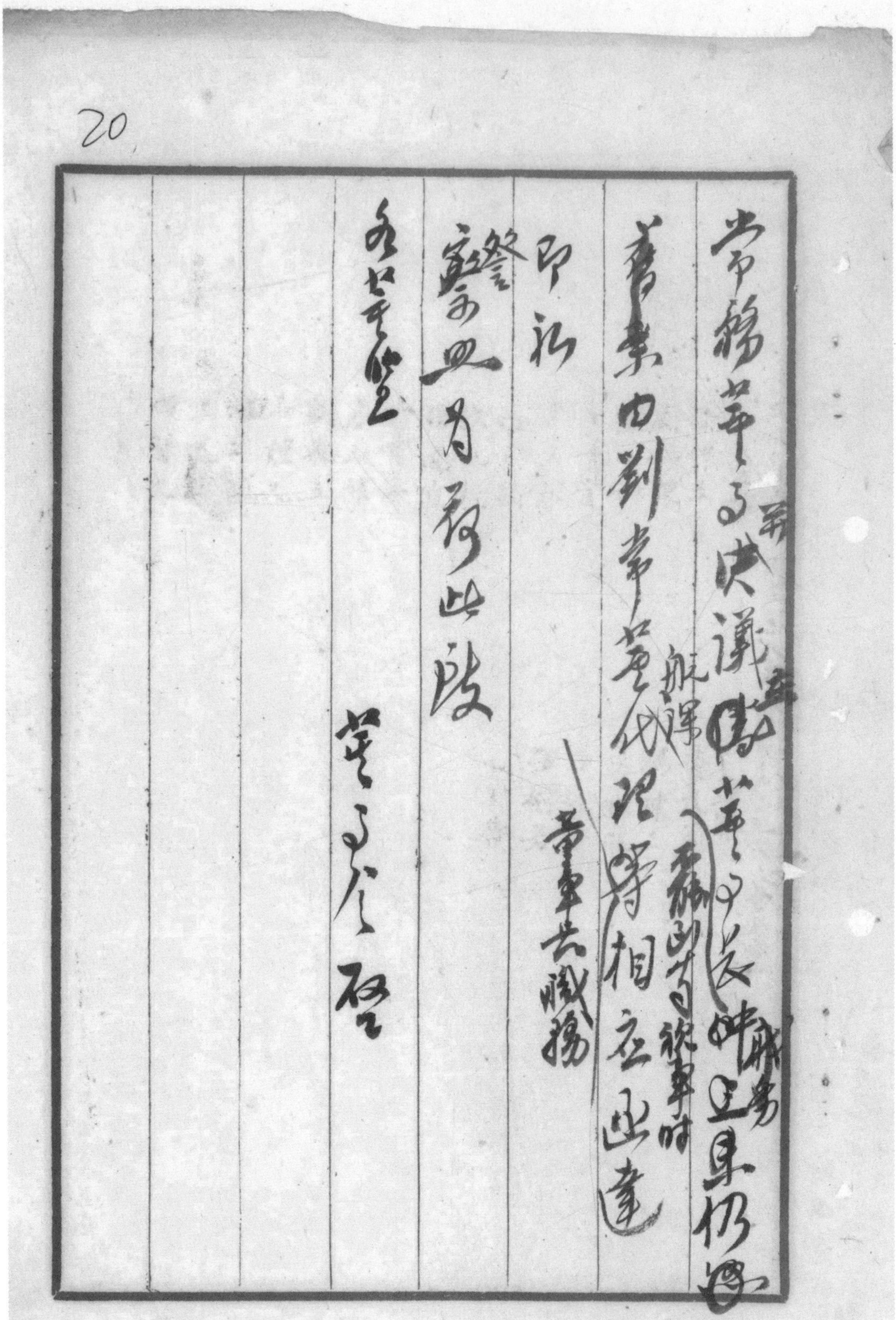

20

常務董事又決議[illegible]董事長[illegible]
舊案由劉常務董事航琛代理等相應函達
[illegible]
印祈
鑒詧為荷此致
各[illegible]
董事會啓

重庆电力股份有限公司关于检送一九四八年四月三十日临时董事会选举董事及监察人结果致重庆电力股份有限公司董事会各董事、监事（一九四八年五月三日）　0219-2-222

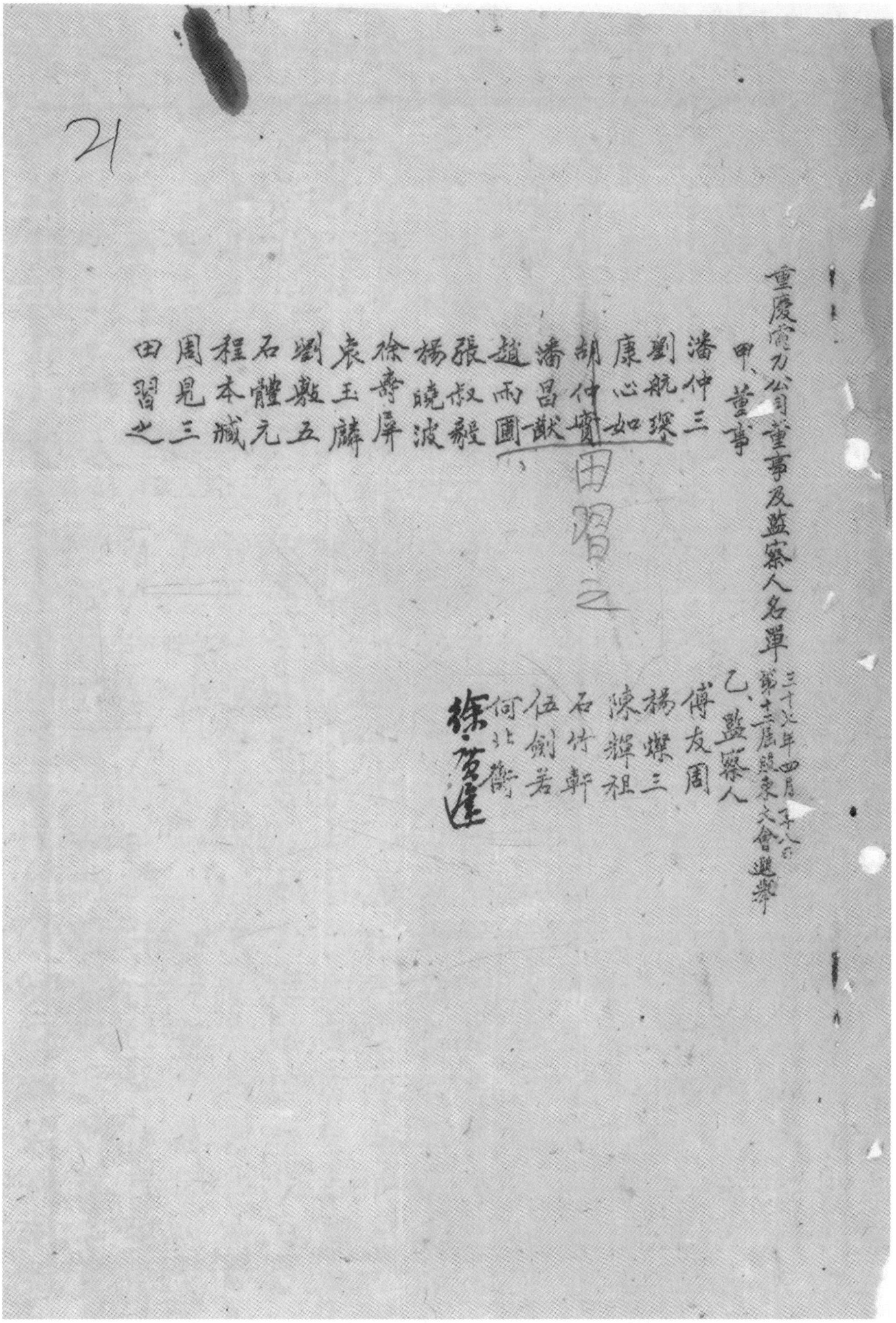

21

重慶電力公司董事及監察人名單 三十七年四月三十日第十二屆股東大會選舉

甲、董事

潘仲三

劉航琛

康心如

胡仲實

潘昌猷

趙雨圃

田習之

張叔毅

楊曉波

徐壽屏

袁玉麟

劉敷五

石體元

程本臧

周見三

田習之

乙、監察人

傅友周

楊燦三

陳輝祖

石竹軒

伍劍若

何北衡

重庆电力股份有限公司第一百零六次董事会议纪录（一九四八年六月十八日） 0219-2-118

重慶電力公司第一零六次董事會議紀錄

時間：三十七年六月十八日下午三時

地點：本公司會議廳

出席 張叔馥 張能一代 趙雨圃 劉敷五 田習之 劉航琛 程本臧 胡仲實

袁玉麟 王文季代 楊曉波 陳輝祖代 陳輝祖

到席 吳德工程師錫瀛

黃科長大庸

主席 田習之

紀錄 張君鼎

報告事項

一、報告一二三四月份會計月報案

決議 查閱表報無訛存查

二、劉總經理航琛寫請田常董習之代理總經理職務案

決議 通過

討論事項

一、修訂本公司組織規程案

決議 通過（組織規程附後）

二、修改本公司卹養規則案

說明：查職工卹養規則係三十二年八月十九日第七十八次董事會修正通過，當時係抗戰時期，故有第十五條"在非常時間各項卹養金及喪葬費除按薪工額及薪工附加計算外

231

並將其最後所領各項補助金津貼之半數合併計算」之規定現在非常時期已過上項規定自應廢除　廢除後職工退職時若照第十二條規定領取退職金以職員最高薪級月薪一千元按服務二十年核給三十個月計算不過三萬元其月薪不足一千元服務年限不滿二十年者其所領退職金渺乎小矣當此物價繼續高漲仍未恢復之際若照此規定核給退職金未免太少茲擬變通辦理職工之撫卹暨養老退職按薪工額仍連薪工附加計算將各條給予薪工額下加「同薪工附加」五字與發給三個月外加一個月之遣散費數額相比較雖有超出為數甚微既於情理不背亦不失卹養之意并附呈比較表一紙第二条撫卹金核給標準核與退職金標準亦有不合并予列表修正如后

服務年限	1	2	3	4	5	6	7	8	9	10	11	12	13	14	15	16	17	18	19	20
核給月數	2	4	6	8	10	12	14	16	18	20	22	25	26	28	30	32	34	36	38	40

其餘各條均屬妥善是否有當敬祈　公決

決議通過（規則附後）

三、[illegible]器資產荷過重遇未來時有毀損過去以限於法令所提折舊準備不足抵銷擬請准將差額列作損失并撥其他準備金以利重置案

決議通過

臨時動議事項

一、本公司產業公會對於改照電價指數發給薪工及修改職工食糧辦法請予重加攷慮案

決議授權田總經理辦理

主席　田習之（印）

重庆电力股份有限公司临时董事会会议纪录（一九四九年三月二十二日） 0219-2-307

280

三十七

三十六

重慶電力公司臨時董事會議紀錄

時間 三十八年三月二十二日下午十二時

地點 本公司會議室

中華民國卅八年三月廿八日發出 38 發文電字第 號

出席 潘壽屏 石竹軒 裘玉麟
傅友周 張叔毅 趙西園
劉敷五 周見三 田習之
馬維周 胡仲實 康心如

列席 吳總工程師錫瀛
黃秘書長大庸

主席 田常董習之

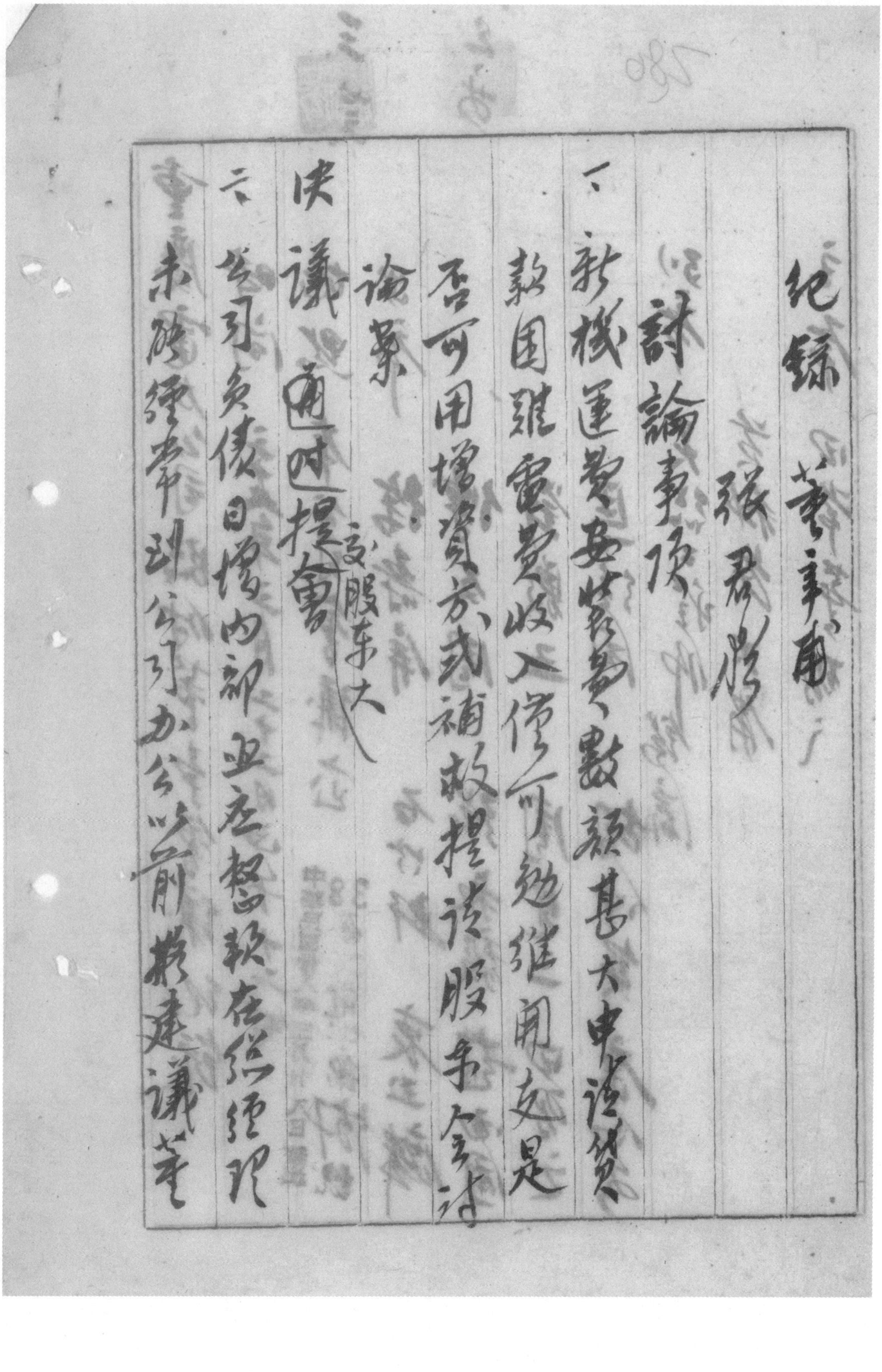

纪錄　董事周

張君彤

討論事項

一、新機運費安裝費數額甚大申請貸款困難電費收入僅可勉維開支是否可用增資方式補救提請股東會討論案

決議　通過提交股東大會

二、公司負債日增內部亟應整頓在總經理未能經常到公司辦公以前擬建議董

重庆电力股份有限公司临时董事会议纪录（一九四九年三月二十二日） 0219-2-307

281

事會加強督導並組織執行委員會
經常處理公司事務案
決議：保留
三、南岸發電廠因竊電過多採用下列兩
種方式補救案
甲、請南岸用戶組織用電委員會將
每月發電若干全數售與委員會
乙、將第二廠担與南岸用戶組織之用
電管理委員會負責并酌提折舊等
決議：備、

決議 照甲項辦法並做照大坪臨江門總表用電方法授權總經理試辦
乙項辦法保留

四、城區用電擁擠設法協助推行總表制以便設法減少竊電案

決議 照第三案決議辦理

五、新機工程組織新機建設委員會辦理並附組織大綱及委員名單案

決議 通過 附委員名單（組織大綱另郵附）

田習之

重庆电力股份有限公司临时董事会议纪录（一九四九年三月二十二日） 0219-2-307

282

袁玉麟（財務組）
吳錫瀛（設計組）
易宗模（工程組）
楊仿陶
歐陽鑑
劉佩雄（事務組）
張也人
秦亞雄

六、第十三屆股東大會議程案

決議 通過

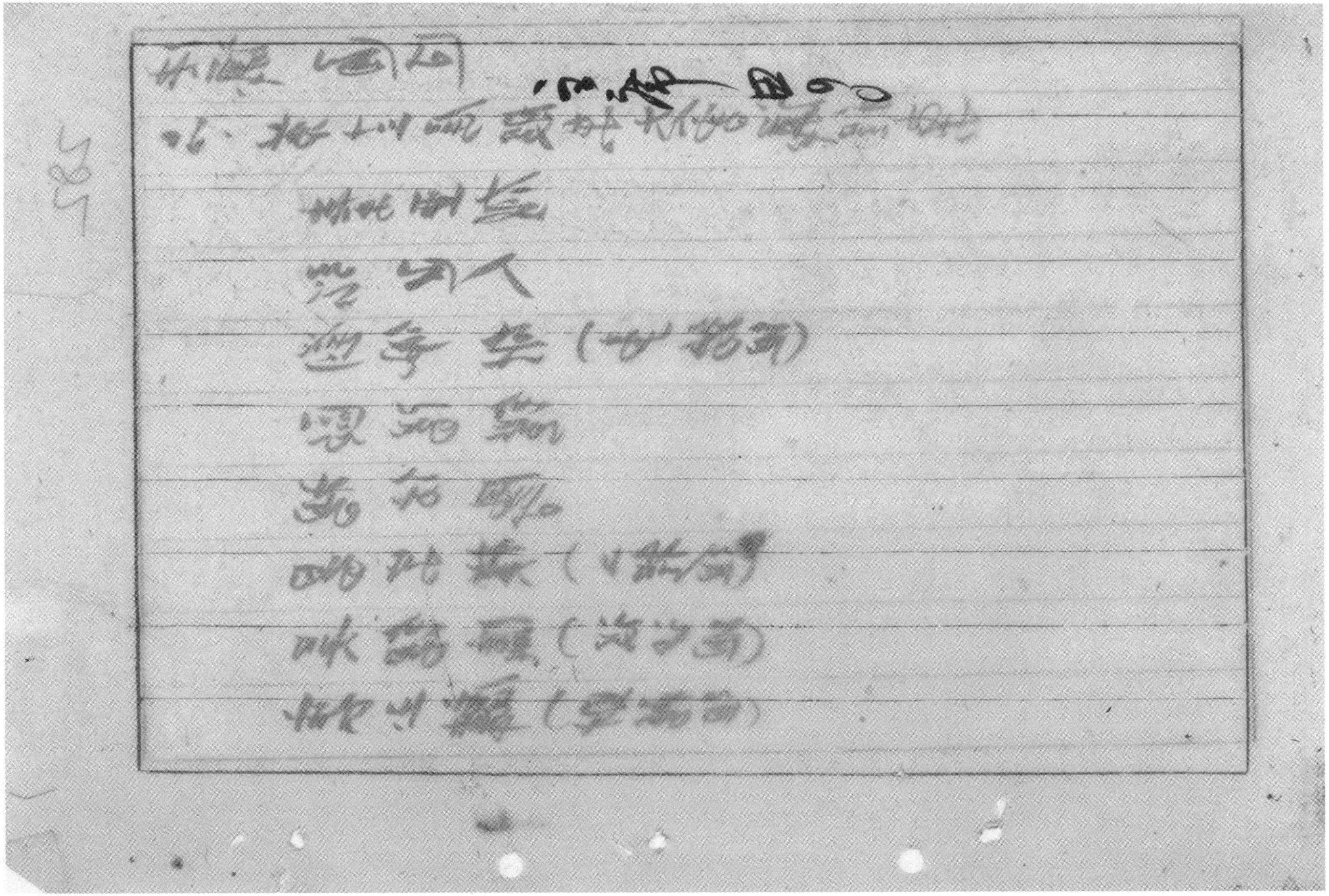

重庆电力股份有限公司临时董事会议纪录（一九四九年三月二十二日） 0219-2-307

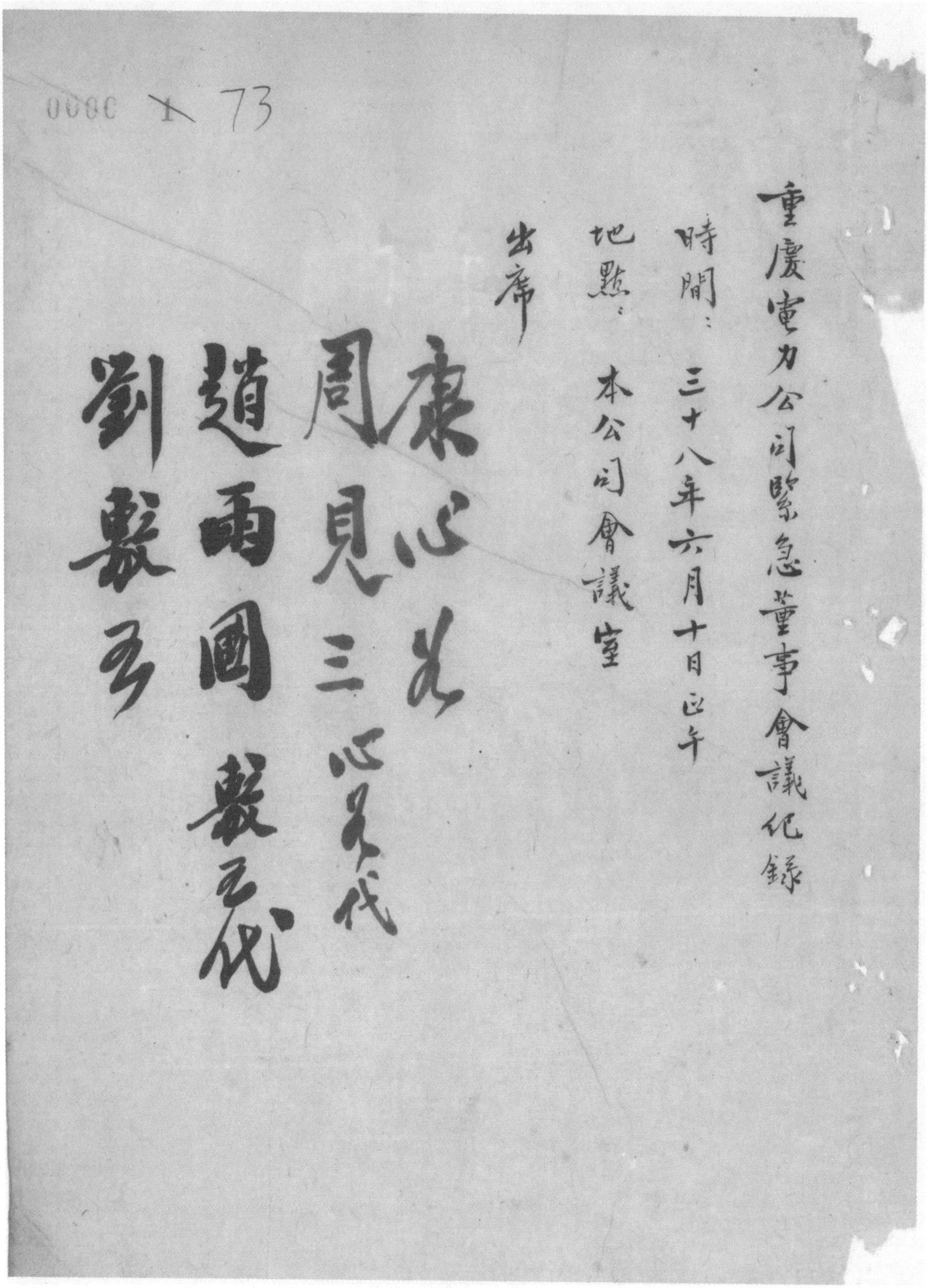

重慶電力公司緊急董事會議紀錄

時間：三十八年六月十日正午

地點：本公司會議室

出席

康心之

周見三 心之代

趙雨國 毅之代

劉毅之

重庆电力股份有限公司紧急董事会议纪录（一九四九年六月十日） 0219-2-325

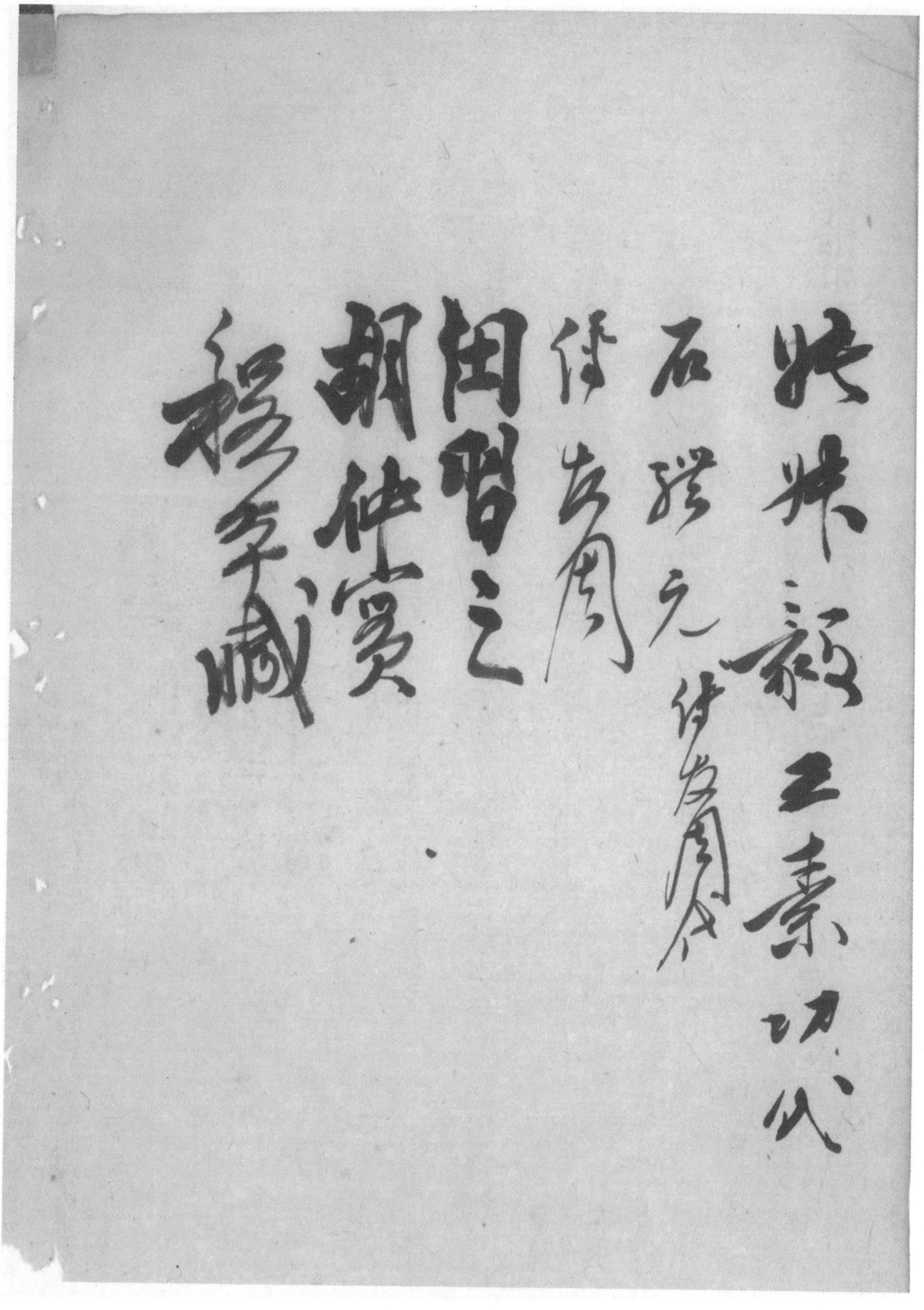
[illegible] 王素功代
石體元 傅友周代
傅友周
[illegible]之
胡仲實
[illegible]

重庆电力股份有限公司紧急董事会议纪录（一九四九年六月十日） 0219-2-325

重庆电力股份有限公司紧急董事会议纪录（一九四九年六月十日） 0219-2-325

列席 吳總工程師

主席 康心如

紀錄 張君鼎

討論事項

一、報告本公司電價以銀元作計算標準之經過及今後處理辦法是否有當提請 核議案

本公司目前遭遇三大困難曾提請上月四本會討論有案五日上午九時長官公署派專員趙冠先邀集市府參議會煤商在本公司開座談會決定八項

(一) 為維持電價之穩定便於核價起見擬呈請長官公署對電價成本准以銀元作計算標準

(二) 對電力公司之救濟辦法擬呈請長官公署准該公司向中央銀行貸借煤款一萬噸以資週轉

(三) 電力公司對礦商過去舊欠由雙方即日自動協議結算以分期付償為原則

(四) 兵工廠所欠電費擬請長官公署轉飭即日償付如兵工廠有困難請由中央銀行墊付並須以現鈔或銀元償付

(五) 水泥廠所欠電費請社會局協助解决

重庆电力股份有限公司紧急董事会议纪录（一九四九年六月十日） 0219-2-325

75

(六)渝市市民對電費問題所發生之誤會擬請市府召集記者會請各區長區民代表新聞界及有關單位出席詳加解釋并登報說明

(七)在長官公署對電價成本准以銀元作計算標準未核定前各用戶照六月五日電價現鈔繳付

(八)為使電力公司維持繼續發電起見由天府寶源兩公司即速運儲一千噸交該公司應用價款由該公司設法自六月六日起逐日儘先償付并須以十分之一付天府舊欠 七日下午工務局依照當日煤價每噸四元二角核定本公司電價電力每度四分五厘燈電每度

六分煤價變動百分之二十時重行開會核價本公司自八日即照收電費

本公司又遭遇困難三項

(一)核價過低　現在煤價超過為戰前百分之五十餘倍電及其他公用事業價格接近戰前標準本公司戰前電價平均每度約為六角弱而奉核電價平均只五分僅及戰前四分之一極不公允合理且盜電及不付費之用戶日益增多本公司無力取締能繳費之用戶以經濟不景氣之故減少用電量每月可收電度決難達到六百萬度銀元十萬枚之數即此數能否維持現狀尚成問題

(二)調整困難　工務局規定以後如煤價增高百分之二十時再重行

重庆电力股份有限公司紧急董事会议纪录（一九四九年六月十日） 0219-2-325

76

召集會議核定價格，查社會局核定基本煤價時係隨米價增落百分之十煤價即自動調整不經過政府召集會議核定同受政府管制而核價辦法迥然不同此次如煤價漲百分之十而電價照此次規定不能上漲公司如同意煤商漲價則此百分之十又將如何取償如不同意煤商漲價則煤商勢必停止供煤且煤商自動漲價而公司電價尚須經過層級手續如停收待核則煤款更無着落如繼續照收則收入將不敷支付煤款故此規定實有修改之必要

（三）市面現鈔與支票仍有鉅額貼水大户無法全以現鈔繳納政府未規定支票如何折合現鈔辦法又現鈔折合銀元規定照中央銀行牌

重庆电力股份有限公司紧急董事会议纪录（一九四九年六月十日） 0219-2-325

價查央行牌價於每日上午十時及下午二時公佈與公司收費時間不

能配合無所適從且牌價與市價又相隔懸殊所收金圓券不能找補

銀元

根據上列困難本公司已向政府建議三項

(一)請根據公司實際收入及實際開支重行核定電價

(二)電價應隨煤價增漲比例自動調整事後呈報備查不再經過

核價手續

(三)應規定支票折合現鈔辦法

以上為本公司擬議之補救辦法是否有當敬祈指示至於以後究應

重庆电力股份有限公司紧急董事会议纪录（一九四九年六月十日）　0219-2-325

協理兼祈

核示

決議：推田常董習之傳監察友周負對外交涉之責

二、吳總工程師堅不就任協理兼職案

決議：本案不成立

三、散會

主席　康心如

重庆电力股份有限公司临时董事会议纪录（一九四九年七月六日） 0219-2-294

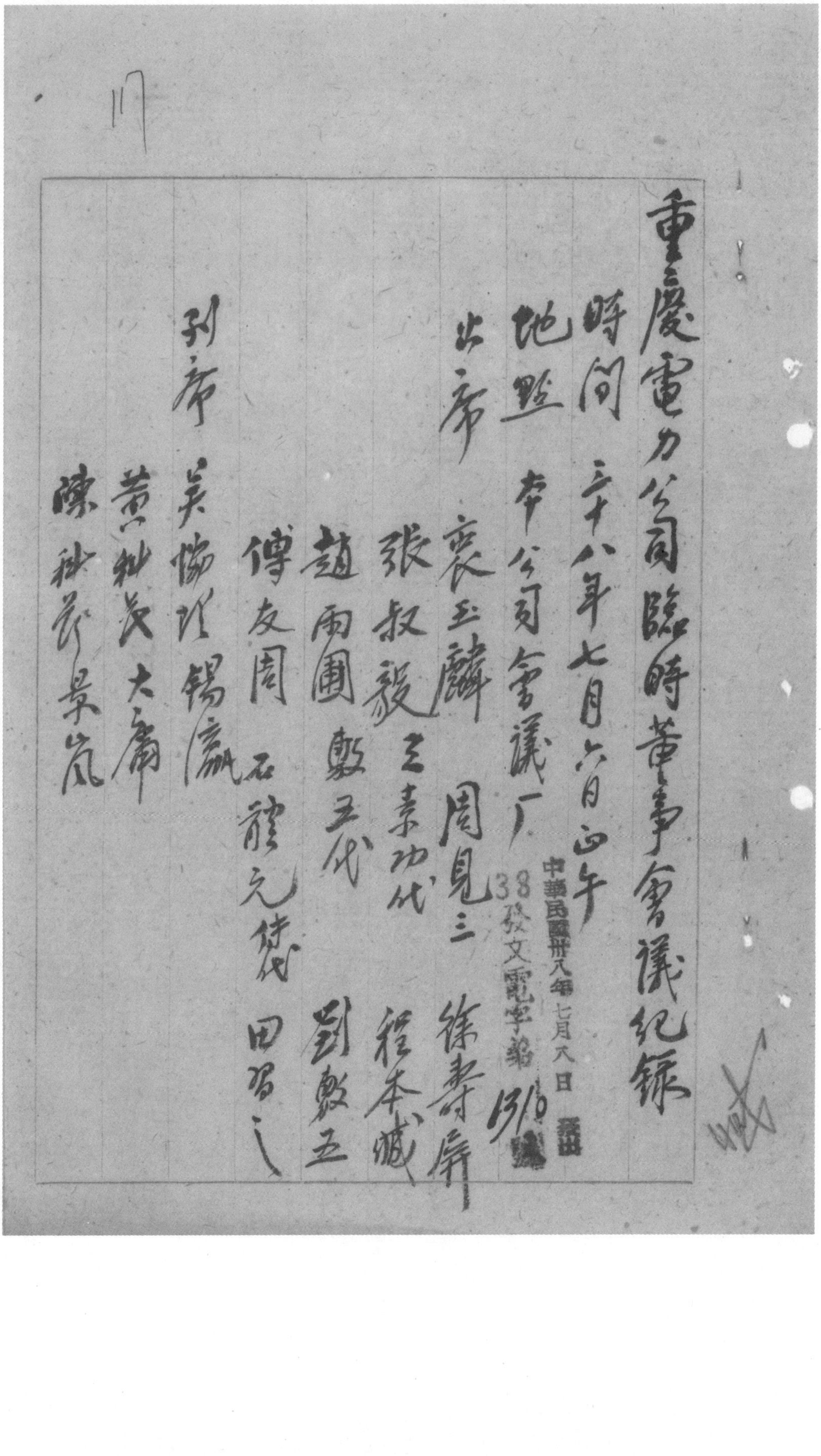

重慶電力公司臨時董事會議紀錄

時間 卅八年七月六日正午

地點 本公司會議廳

出席 袁玉麟 周見三 徐壽屏

張叔毅 王素功代 程本臧

趙雨圃 敷五代 劉敷五

傅友周 石體元代 田習之

列席 吳協理錫瀛

黃秘書大庸

陳秘書景嵐

中華民國卅八年七月六日 發出

發文電字第1316號

重庆电力股份有限公司临时董事会议纪录（一九四九年七月六日） 0219-2-294

章副科長疇敘

主席 周見三

紀錄 張君鼎

討論事項

一、劉代董事長航琛因擔任公務不能再任本公司董事長兼總經理電請辭職及田代總經理習之因病函請辭職案

決議 推周主席見三傅監察友周函請潘董事長仲三執行職務 劉總經

118

理辭職事，俟與潘董事長商討後
再議　田代總經理辭職慰留
二、職工福利委員會函請撥付三月至五月份
福利金案
決議　照總公司修正辦法，自公佈日起
以公司實際總收入萬分之十撥發
三、分公司新工米價之計算採用何種標準案
決議　照微信新聞前一日中熟山米價為
標準
四、分公司欠費八萬元，自來水公司欠電費

重庆电力股份有限公司临时董事会议纪录（一九四九年七月六日） 0219-2-294

六十萬度應為徵收費

決議　推田常董習之吳協理錫瀛與吳

二處長洽商另請徐董事尋屏從旁

斡旋催促

推傅監察友周田常董習之與

自來水公司洽商

五．散會

主席周 [illegible]

七月七日

重庆电力股份有限公司第一百零八次董事会议纪录（一九四九年八月二十二日）　0219-2-325

~~006 14~~
86

重慶電力公司第一〇八次董事會議紀錄

時間：三十八年八月二十二日下午四時

地點：本公司會議室

出席

潘文華　石體元代

石體元

徐壽屏

金[illegible]代

重庆电力股份有限公司第一百零八次董事会议纪录（一九四九年八月二十二日） 0219-2-325

稅季臧

田習之

劉航琛

胡仲實 季臧代

趙[illegible]圃

重庆电力股份有限公司第一百零八次董事会议纪录（一九四九年八月二十二日） 0219-2-325

87

劉敷五

張志毅

列席：吳協理錫瀛

黄科長大庸

主席 石體元

紀錄 張君鼎

主席發言本會在潘公館集會兩次潘董事長覺得有勞

重庆电力股份有限公司第一百零八次董事会议纪录（一九四九年八月二十二日）　0219-2-325

各董監深為不安故今日會議改在公司舉行原擬親臨主持乃不幸患感冒未愈不克出席為託本席代表

報告事項

一、報告一至七月份會計月報案

決議：查核無訛存查

二、傅總經理報告本月九日到職視事案

說明：本人於本月九日到職視事惟迄今尚未辦理移交查各部主管人員並無變動似可不必移交但不妨利用此際會舉行一次徹底清查藉作移交辦法(一)由本會決定交代日期前後

應劃分不必具備委代形式（二）仍辦理委代手續並徹底清查以
何之處請　公決
決議：照第二項辦法辦理辦後報會備查
三、本公司訂購器材及運輸情形結匯經過案
說明：（一）本公司訂購一萬瓩新機爐價款共約美金壹百萬元已
付美金四十萬元並分約本年六月份起應陸續交貨起運在起運
前公司應付清全部貨款現因公司經濟拮据無法籌付而航運
阻梗即付款接貨亦無法運渝但如遲延過久外廠可任意處置
應如何辦理請　公決

重庆电力股份有限公司第一百零八次董事会议纪录（一九四九年八月二十二日） 0219-2-325

（二）又向安利洋行慎昌洋行新通公司等所訂購之各種補充器材大概百分之九十五均已交貨并已運到重慶未交貨者祗膠皮綫一部份及鐵爐配件一部份數量甚少已交貨而尚留上海不及運渝者僅变壓器十三個配件一批饋水泵一具鉛皮綫一千呎風雨綫二萬磅左右總值約二萬餘美金內中变壓器及配件約值五千餘磅因貨款未付清安利拒絕交出提單故萬一損失公司似可不負責任風雨綫等因堆存危險地帶為免損失在上海易手前已將提單交与新通公司請其緊急處置設法運出危險地帶但因音訊不通迄無消息故上海方面所存器材不致有大損失

重庆电力股份有限公司第一百零八次董事会议纪录（一九四九年八月二十二日） 0219-2-325

決議：通知外廠暫緩製造及起運

四、申請增加電價經過案

說明 本月十二日接煤商通知自即日起鍋爐煤價每噸由九元一角增為十六元二角計增加七元一角之鉅公司遭受此種重大困難立即向主管機關呼籲十七日工務局召集有關方面舉行會議決定煤價由九元一角增為十二元七角電燈每度二角（原為一角二分）電力每度一角二分（原為八分）自本月二十日起實行又本公司調整電價以往僅根據煤價調整後始向各方呼籲申請以致耽延時間遭受無形中之重大損失此次經我方特别提出請以後煤電水價

統一核定同時公佈實行亦經評價會決定並辦

決議：准予備查

討論事項

一、修改職工卹養規則案

說明 本公司職工卹養規則於三十二年八月十九日第七十八次董事會議決通過茲以情勢变遷原規則有不合實際之處經與職工代表商討擬定修正案提請

大會公決

附修正案全文

重庆电力股份有限公司第一百零八次董事会议纪录（一九四九年八月二十二日） 0219-2-325

~~0001 18~~
20

第二條 職工服務一年以上者而在職死亡時除按其最後一月薪津所得發給兩月作為喪葬費外並依下列標準核給撫卹金

服務年限	核給月數
1	1
2	2
3	3
4	4
5	5
6	6
7	8
8	10
9	12
10	14
11	16
12	18
13	20
14	22
15	24
16	26
17	28
18	30
19	33
20	36

上項撫卹金按其最後一個月薪津所得全數計算服務二十年以上者每多一年即加給三個月

第四條 職工因公殉職時除按本規則第二條規定核給喪葬費及撫卹金外並加給其最後一年薪津額之撫卹金其有特殊勞

重庆电力股份有限公司第一百零八次董事会议纪录（一九四九年八月二十二日）　0219-2-325

積成因冒險救護公司財產以致殉職者得由總經理提請
董事會核給特別撫卹金

第六條　職工因公傷殘肢體經醫師診斷並由本公司查驗認為
確已不能工作自願退職者照原薪按月發給百分之九十贍
養金至死亡時為止

第八條　職工服務十年以上年逾五十精力已衰不堪任事自請
退職者得依下列標準按月核給贍養金

(一) 服務二十年以上退職時薪津額全數

(二) 服務十五年以上不滿二十年者退職時薪津額百分之八十

~~000 19~~
91

（三）服務十年以上不滿十五年者退職時薪津額百分之六十

職工年齡未逾五十而服務已滿二十年因久病衰弱經醫師証明須長期休養自請退職者得依第一項辦理

第十二條　職工服務十年以上因久病衰弱經醫師證明不堪任事自請退職者得依下列標準一次核給退職金具有特殊勞績者得由總經理提請董事會核酌加給

服務年限	核給月數
10	20
11	21
12	22
13	23
14	24
15	25
16	26
17	27
18	28
19	29
20	30

上項退職金按其最後一個月所得薪津總額計算服務二十年以後每

重庆电力股份有限公司第一百零八次董事会议纪录（一九四九年八月二十二日） 0219-2-325

多一年即加給三個月

第五條　各項卹養金係按薪工及全月所得合併計算其他津貼如辦公費出勤費膳費值班津貼值日津貼加工及工友事假獎金等均不在內

第十六條　本規則由經理部提請董事會議決施行修改時亦同

決議：通過

二、三十七年度職工考績案

說明：三十七年度職工考績一案經本年三月二日本會臨時會議決定繼續舉辦但因種々原因迄未辦理查公司已三年未辦

0000-20

92

考绩对於職工辛劳毫無表示似覺難安但考绩確有種種困難為兼籌並顧起見擬仍停止考绩改自本年八月份起至本年年底止照去年十二月薪津所得發给一個月之考勤獎金以代替考绩但对於下列人員不予發给

(一) 不到公司辦公者

(二) 成绩太差者

(三) 請假過多者

(四) 服務不滿一年者

(五) 派送及自費出國者

重庆电力股份有限公司第一百零八次董事会议纪录（一九四九年八月二十二日） 0219-2-325

以上各項是否有當敬候　公決

決議：通過

三、四月底以前以金圓券計算之電費票據自五月份起改為電度票金圓票據在會計科目上為應收賬款計六十五億八千五百九十一萬四千零零八元六角一分請予核銷案

決議：准予核銷

四、補提福利金案

說明：本年七月六日本會對於職工福利金之決議照總統府公佈修正辦法自公佈日起（三月份）以公司實際總收入萬分之十提發

~~0000 21~~
93

依此計算福利金數額與以前辦法相差二十倍左右每月僅約百元舉辦福利事業顯然不敷為兼顧計擬請本會復議自通過前案之月起照新辦法實行以前未提補助金仍照舊辦補提交福利社生息以補不足茲經會計科估計約需一萬三千元折合食米八百九十餘石如公司一時無法籌撥可作為存在公司按月照市計息並按月付息以補不足但福利社不得動用此筆基金是否有當敬請 公決

決議：通過

臨時動議事項

重庆电力股份有限公司第一百零八次董事会议纪录（一九四九年八月二十二日） 0219-2-325

一、傅監察友周遺缺公推由發起人陳懷先遞補案

決議：暫行由陳懷先代理，提請股東會追認

二、傅總經理薪金案

決議：傅總經理月支薪壹千元

三、總經理及協理科長辦公費案

決議：總經理辦公費每月折合食米伍石，協理總工程師增為每月肆石，各科長主任秘書稽核室主任用電檢查組長增為每月叁石，其餘仍舊，從九月份起實行

主席 石體元

重庆电力股份有限公司第一百零九次董事会议纪录（一九四九年十月二十日）　0219-2-325

94

重慶電力公司第一〇九次董事會議紀錄

時間：三十八年十月二十日正午

地點：本公司會議室

出席

潘昌猷

石竹軒

徐廣遲

康心如

重庆电力股份有限公司第一百零九次董事会议纪录（一九四九年十月二十日） 0219-2-325

周見三

田習之

馬紹周

石體元

姚[illegible] [illegible]王素[illegible]代

楊曉波 [illegible]代

重庆电力股份有限公司第一百零九次董事会议纪录（一九四九年十月二十日） 0219-2-325

趙西園 劉毅之代

劉毅之

列席：傅總經理友周

吳協理錫瀛

黃科長大庸

主席：石體元

紀錄：張君鼎

95

重庆电力股份有限公司第一百零九次董事会议纪录（一九四九年十月二十日） 0219-2-325

報告事項

一、報告八月份會計月報案

決議：查閱表報無訛存查

二、儲煤一萬噸交行貸款八萬四千元經過及最近燃煤缺乏狀況案

說明、本年六月間全國券貶值物價飛漲燃煤恐慌關長官公署特令中央銀行貸給一萬噸煤款議定之日已實行銀元券共計煤款八萬四千元由代表行交通銀行先付五千噸煤款計四萬二千元旋以財部命令停止代貸款以致所訂契約未能履行徐劉兩部長來渝時始行商定續付兩煤價已漲至每噸十元甚

86

差額八千元由本公司付出約定本月十五日收清煤量及兩個月內還款現已逾期煤商尚未依約交清竭力催交亦鮮效果現煤已漲價每噸為十八元九角而電價尚係四十元一噸之價格核定政府既不公開承認煤商自動漲價但又不強令煤商照舊價售煤與公司造成今日煤荒斷電現象本公司只有煤到發電煤盡即停無三日以上之儲煤不但本公司損失綦重市民觀感亦復惡劣如何渡過難關經理部同人實覺為難也

決議：准予備查

三、"九二"火災供電綫路損失情形及請求救濟經過案

重庆电力股份有限公司第一百零九次董事会议纪录（一九四九年十月二十日） 0219-2-325

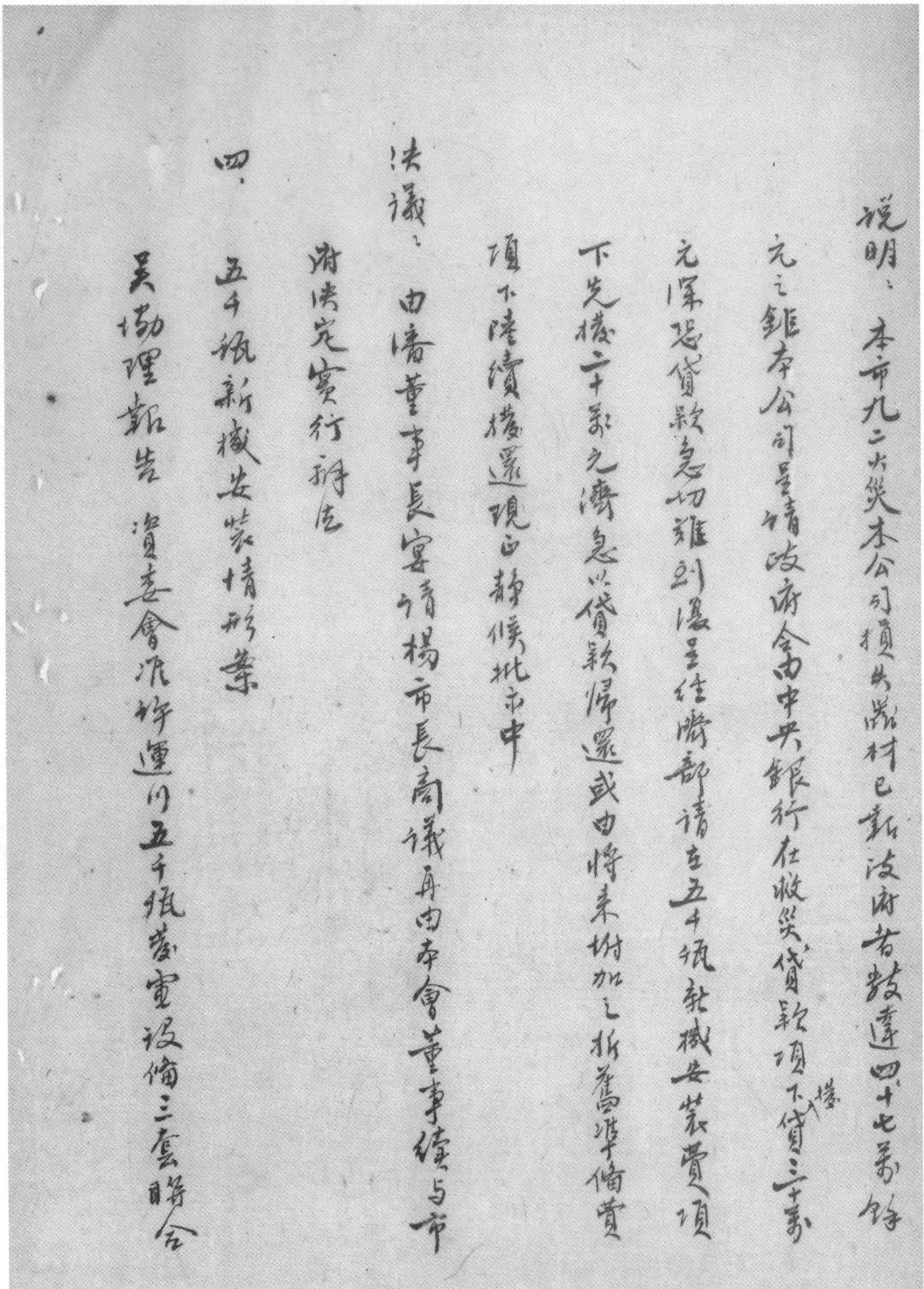
説明：本市九二火災本公司損失器材已報政府若數達四十七萬餘元，雖本公司呈請政府令由中央銀行在救災貸款項下撥貸三十萬元，深恐貸款急切難到，復呈經濟部請在五千瓩新機安裝費項下先撥二十萬元濟急，以貸款歸還或由將來增加之折舊準備費項下陸續撥還，現正靜候批示中。

決議：由潘董事長宴請楊市長商議再由本會董事續與市府洽定實行辦法。

四、五千瓩新機安裝情形案。

吳協理報告：資委會准許運川五千瓩發電設備三套聯合

配裝在大溪溝安裝發電機一套鍋爐兩座廠房改建及地脚工程已開始工作分散各處器材亟需運集廠內全部工程費以每石八元米價計算需米九萬六千石民生公司及各廠墊付運費以及應行補購器材尚未計算在內最近政府准撥實物約合六十萬元

決議：俟何廠長北衡到渝催其將省府之款從速劃撥

五、接洽立中煤礦經過案

田常董習之報告　本人於去年六月接任總經理時即感覺煤之供應問題係重大劉代董事長亦曾談及煤礦事經調查結

渠煤質尚佳，立中人事複雜，不便共同經營，商定租用十年，開辦經費估計五萬四千元，分期支付，請由公司出資接辦，是否有當，

敬請 公決

決議：本案田常董主持設立公司，解決缺煤停電恐慌，本公司投資額限定在半數，以免在漲價或其他來煤不濟情形下繼續供給煤觔，俟煤礦業調整價格後照調整將差補給

討論事項

一、長壽水電輸送來渝，由本公司躉購轉供，綫路經費約計四十萬元，市府擬請由本公司及巴縣電廠代收電費增加每度五分工

重庆电力股份有限公司第一百零九次董事会议纪录（一九四九年十月二十日） 0219-2-325

程完竣即行停收案

決議：由政府主管機關自行製票收費，公司不能代收，以免誤會。

二、請求調整電價案

說明：本公司現行電燈價每度一角五分八，電力每度九分五，平均價一角二分七厘，與戰前電燈為二角八分，電力九分，平均價一角八分，與現行電價僅及戰前百分之七十，殊欠公允，已呈請經濟部與現行電燈比加十分之三，電力比加十分之二，以資彌補。又抗戰期間政府增加人民負担，迄未准提折舊費，並懇經濟部於核定電價外另行增加百分之五之折舊費，以謀繼續整理重建

重庆电力股份有限公司第一百零九次董事会议纪录（一九四九年十月二十日） 0219-2-325

討論
以上兩項尚在政府慎重考慮之中，迭與經濟部及市府主管人商討，曾經該方非正式決定分治標與治本兩項辦法，治標係依據向例煤價漲價時電價即行比例調整，由建設、民政兩局召集評價會議，同時決定公佈治本辦法，由經部依據當前需要重新擬訂全國性之電價公式，並與地方政府商定一機動之調整方式，以適應物價隨時變化。該項決定已歷一週，而治標辦法官方尚遲未實行，公司缺煤此為主因，應否催促實行，敬祈 討論

決議：經常電價靜候評議會核定，重建九二火災區域經費由潘董

重庆电力股份有限公司第一百零九次董事会议纪录（一九四九年十月二十日） 0219-2-325

29

事長與楊市長接洽

主席

重庆电力股份有限公司临时紧急董事会议纪录（一九四九年十一月十四日） 0219-2-325

重慶電力公司臨時緊急董事會議紀錄

時間：三十八年十一月十四日正午

地點：本公司會議室

出席：

[illegible] [illegible]代
胡仲實
石體元
石體元代

重庆电力股份有限公司临时紧急董事会议纪录（一九四九年十一月十四日） 0219-2-325

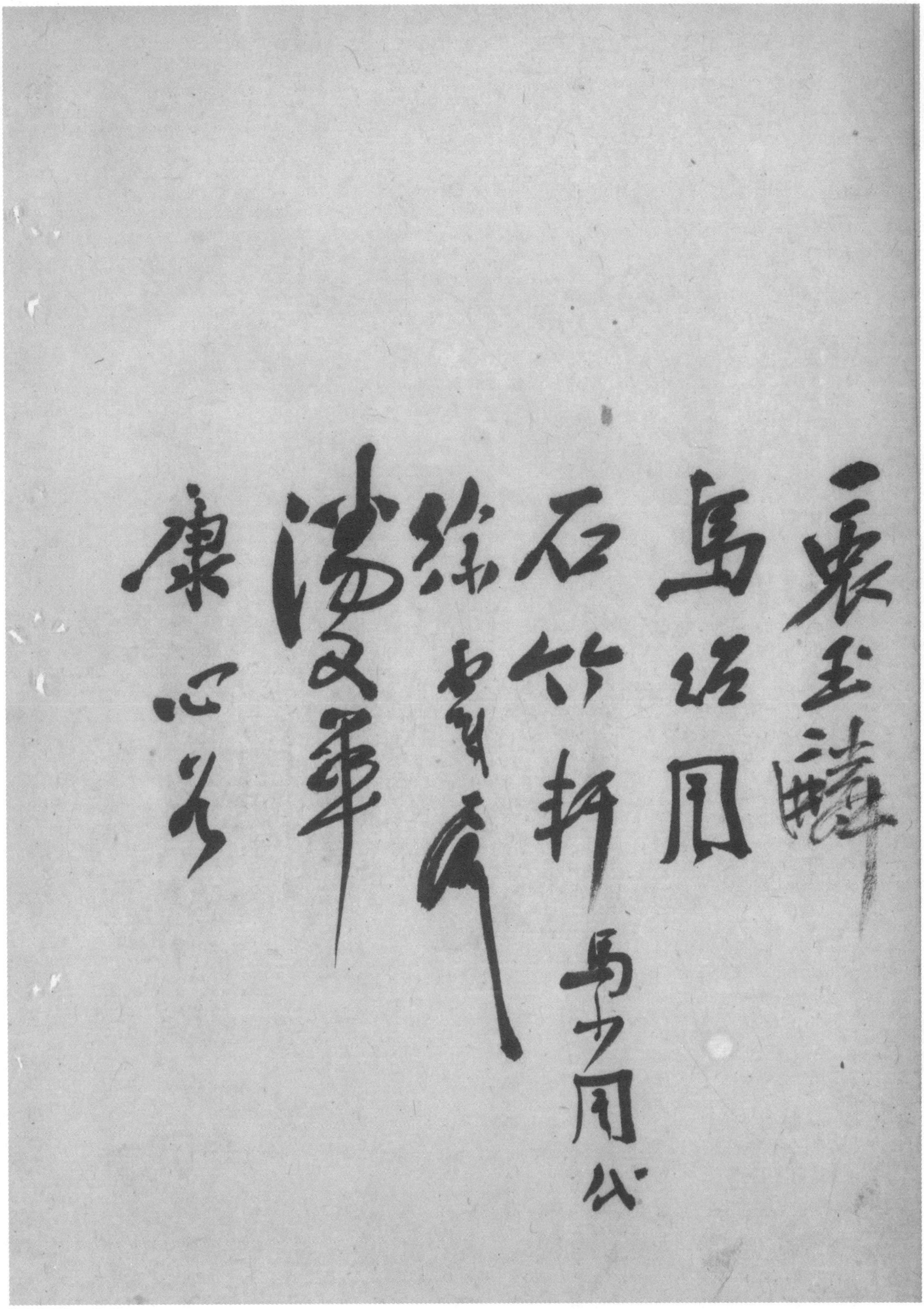
张玉麟
马绍周
石竹轩
潘文华
康心如

重庆电力股份有限公司临时紧急董事会议纪录（一九四九年十一月十四日） 0219-2-325

29
101

趙雨圃 劉毅五代
劉毅五

列席：傅總經理友周
吳協理兼總工程師錫瀛
黃科長大庸

主席：潘董事長文華

紀錄：張君鼎

報告事項

一 報告九月份會計月報案

決議：查閱表報無訛存查

二、報告十月份收支概况案

黄科長報告 十月份收入三十七萬三千四百六十餘元支出三十九萬七千九百四十餘元加上折舊一萬八千三百四十餘元共支四十一萬六千二百八十餘元兩抵虧損四萬三千一百五十餘元

決議：備查

三、沙坪壩事件案

重庆电力股份有限公司临时紧急董事会议纪录（一九四九年十一月十四日） 0219-2-325

~~0000 30~~
102

說明：本月五日下午六時重慶大學電機系學生要求於輪流停電區域供給電流放映電影，沙坪壩辦事處先為特別設法將三益電廠電壓過低恐影響機炉安全臨時停電二三十分鐘引起誤會，次日上午八時該校學生四五十人蜂湧至辦事處挾持陳工程師欽柱遊街到理學院學生自治會辦公室逼令陳工程師書具悔過書始行釋放，公司員工聞訊至為憤激，經再四婉勸於本月八日由有關機關調處與重慶大學成立協議四項：（一）由重慶大學查明肇事學生予以開除以外之最重處罰公佈；（二）由重大訓導處派員率同學生代表携同道歉函件到電力公司沙坪壩辦事處向陳工程師欽柱正式道歉；（三）以後重

重庆电力股份有限公司临时紧急董事会议纪录（一九四九年十一月十四日） 0219-2-325

重大用電無論任何情形由学校當局派員接洽此学生團体直接接洽
所稱要不予接受（四）重大用書面負責学生以後不得發生同樣事件
或另生枝節
右項准予同意即日遵守謹此報請　備查
決議：准予備查
四、截至十一月十四日止墊付新機工程款項案
黄科長大庸說明　本公司自本年一月份起至本日止墊付新機工程
款項計有金圓券銀元券等項貨幣為便於計算起見將付款日
貨幣折合為當日電度總計九十六萬零三百六十五度以今日電力價

重庆电力股份有限公司临时紧急董事会议纪录（一九四九年十一月十四日） 0219-2-325

103

每度一角三分計算共墊付一十二萬四千八百四十七元四角五分謹此報

請 備查

決議：准予備查

討論事項

一、政府改訂幣制如何確定公司資本總額案

說明：近年以來幣制屢改，公司資本總額經本會通過改為金圓券計算，正在辦理備案手續之時，政府改行銀元券，現已計算股權方式以法幣三千萬元為準，於法不合，最近行政院第九十二次政務會議通過營利事業資本額換算辦法一案，主要意義就前資本數額加

抗戰以後新增資本按照規定折換率改為銀元惟一般公司企業亦
有採行實值資本額者即就現有資產估計現值減除負債折為
後實有資產若干俾呈資本額亦就上列兩種辦法分別擬具詳
表敬請 討論

決議：准予緩議

二、職工代表請求改訂員工薪津辦法案

說明：本公司員工薪津係以食米計算折合銀元發給現在職
工代表以各物均漲獨米價平穩生活維艱擬就調整辦法六項（一）正薪
工總額之基數係以現有之正薪工米量總數為標準以此為計算

重庆电力股份有限公司临时紧急董事会议纪录（一九四九年十一月十四日） 0219-2-325

单位食米每市斗定为一点（二）包薪工总额佔应收电度百分之三十每月平均应收电度以叁百万度为基点每度电价为电灯电力平均价计算每月应收电度如超出叁百万度其超出部份仍按百分之三十计算加入包薪工项下（三）包薪工之点数为一较固定性之数字（即不变数）设有增加米量当不在应收电度百分之三十数以内

（四）包薪工总额之点数除以薪工佔应收电度百分数平均价之积即为每一点之价格式如后

$$\frac{应收电度总额 \times \frac{30}{100} \times \frac{1}{2}(电灯价+电力价)}{包薪工点数之总额}$$

（五）每一员工之点数（即现有米量以斗为单位定为一点）乘每一点数之

價格即為各該員工全月薪工收入(六)公司發給薪工以全月分二次發當
將照數總和減為半數應收電度總額亦減為一百五十萬度為基點其
計算辦法仍照二三四條相同每人所得之點亦減少一半　究應如何
辦理敬請　公決

決議：交常駐董事辦理

三、時局緊張應如何維護公司資產及應付臨時事變案

決議：(一)請董事長仲三因病去鄉長期療養由康常董心如代理
董事長
(二)公推袁董事玉麟劉董事航琛田常董習之為常駐董

重庆电力股份有限公司临时紧急董事会议纪录（一九四九年十一月十四日） 0219-2-325

105

事協同席代理董事長心如經常在公司辦公解決重要事件事後報請董事會備查

主席 潘文華

重庆电力股份有限公司董事会临时紧急会议纪录（一九四九年十二月二十三日） 0219-2-325

~~33~~
106

重慶電力公司董事會臨時緊急會議紀錄

時間：一九四九年十二月二十三日下午二時

地點：本公司會議室

出席：

[illegible]

[illegible]

重庆电力股份有限公司董事会临时紧急会议纪录（一九四九年十二月二十三日） 0219-2-325

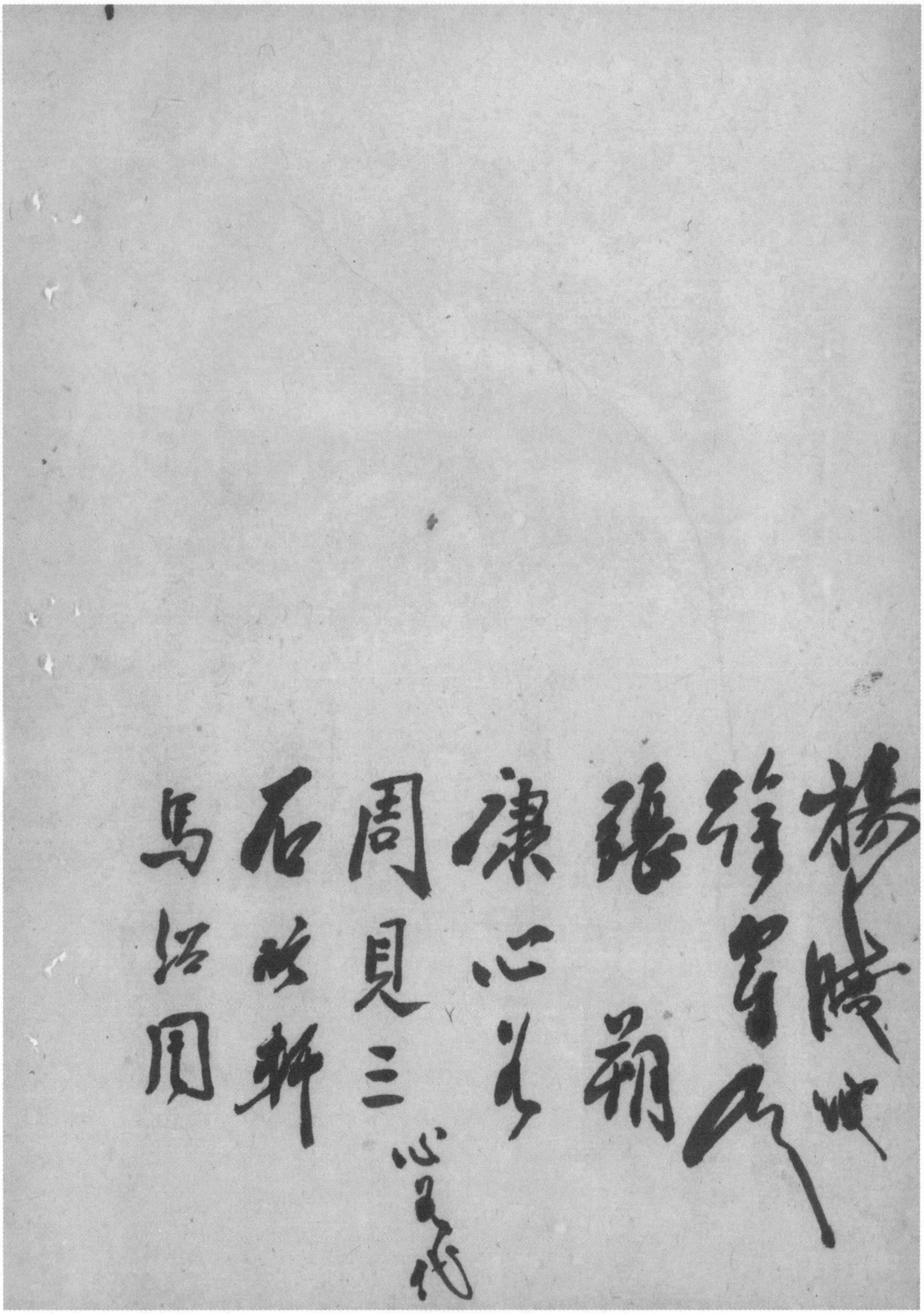

楊粲三
潘昌猷
張[illegible]
康心如
周見三 心如代
石竹軒
馬紹周

重庆电力股份有限公司董事会临时紧急会议纪录（一九四九年十二月二十三日） 0219-2-325

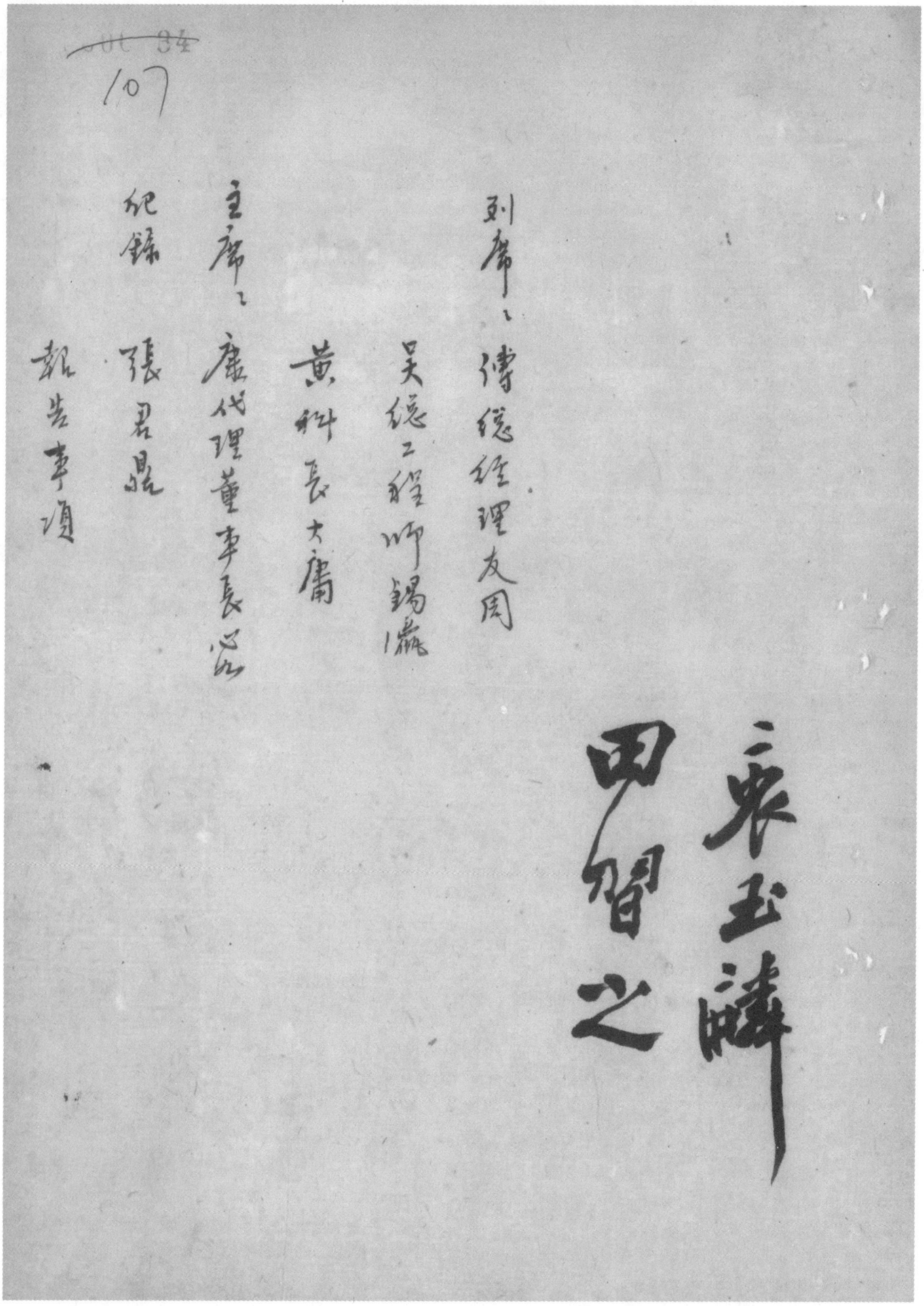

107

張玉麟

田習之

到席：傅總經理友周

吳總工程師錫瀛

黃科長大庸

主席：唐代理董事長必忠

紀錄 張君鼎

報告事項

重庆电力股份有限公司董事会临时紧急会议纪录（一九四九年十二月二十三日） 0219-2-325

一、報告十月份會計月報案

決議：查閱表報無訛存查

二、三廠鍋爐炸及一、二兩廠護廠情形案

（甲）上月廿九日下午十二時許突有武裝部隊分三路襲擊鵝公岩第三廠驅逐職工立刻離開工作地點即將鍋爐洞前護廠武裝解除隨入洞內鍋爐房安放炸藥六箱頃刻之間鍋爐炸毀水塔被焚一部份機器房未被該隊查覺幸得保全事後清查鍋爐房工人盧樹清彭子青高文成蕭興國李小雲彭桂林六人因不及逃避炸死遠平洞工人數名受輕傷刻已就原有工人將炸燬

部份继續清理將屋完竣應即籌劃安裝工作

（乙）上月廿九日上午九時有武裝部隊三十餘人乘卡車兩部直至大溪溝第一廠廠房外馬路右側停放駐紮廠房對面國府路內下午四時由其領隊宣善嶠出面聲稱奉命護廠將命部隊開入廠內保護救廠交涉無效強迫進入廠內其時已五鐘半本廠護廠隊即退至鍋炉與機器房門口把守準備與之拼命一面由我方續與懇商請其保全市民照明直至出時許宣據得一紙條始偉之率隊而去次日復傳聞破壞隊重來乃商請本區暨集中自衛隊約百餘人嚴密防範在外圍江邊一日數驚幸未出事下午七時解放軍

重庆电力股份有限公司董事会临时紧急会议纪录（一九四九年十二月二十三日） 0219-2-325

入城乃電話与龙家渠請其商請派隊到廠駐守至晚間十時半解放軍首由派兵一排由工業会王道衡先生領導前来駐稍放心於次晨江北敗兵退盡復廠工作方算告一段落但該廠因受廿一兵工廠於二十九晚十時爆炸影响水塔震壞大部份各單位房頂受損害均待修復

兩）彈子石第二廠員工事前組織特檢隊及各種防護隊並与地方武力取得聯絡幸未見破壞隊到来於緊張情緒中度過此瞬息萬变之時局

決議：准予備查

109

三、

十二月五日以來電價發動經過及公用部召集研討電價情形案

查本公司於十二月五日開始收費電灯每度銀元之壹七元六角旋由公用事業聯誼會商定以十月廿日牌價為標準於六日改為銀元貳角貳分沿用後經市商會為響應平抑物價運動要求本公司提倡減價運動酌減十分之一電灯每度為貳角電力改為壹角一分五最近市工業會及產業工會一再要求減價廿二日公用部召集會議經將成本計算資料提出商討未獲結論公用部決定提請軍管會核定公佈並對於以往欠費及以後收費限期辦法亦經交換意見公用部一併請示辦理同時公佈

重庆电力股份有限公司董事会临时紧急会议纪录（一九四九年十二月二十三日） 0219-2-325

決議：准予備查

四、報告本月份計算薪工辦法案

黃科長報告 本公司薪工原係以食米計算自十二月份起改為以點數計算其公式為抄見電度乘平均電價再乘百分之二十六然後以食米總數除之十二月份數字如下

$$\frac{1.632,000 \times 0.158 \times 26\%}{58,000(斗)} = 1.16$$

即每斗食米折合銀元一元一角六分

決議：准予備查

討論事項

三個月薪津應補十四個月共計折合食米五十九石六斗一升二合（每月四石二斗五升八合）周頤濤自一九四八年七月因病請假照請假規則扣薪七月份領薪津四分之三八月份領薪津四分之二九月份領薪津四分之一自十月份起未領後照每月應領薪津食米五石二斗八升計補七月份四分之一食米一石三斗二升八月份四分之二食米二石六斗四升九月份四分之三食米三石九斗六升又十月份起至一九四九年十一月十一月止共為十四個月合食米七十三石九斗二升連七八九月一部共應食米八十一石八斗四升除長假時所領四個月薪津外尚應補食米七十石零七斗二升

重庆电力股份有限公司董事会临时紧急会议纪录（一九四九年十二月二十三日） 0219-2-325

111

決議：本公司財力不勝，兼礙於章制，未便追補薪津，但得由經理部磋商合宜辦法，報會追認

三、第三廠鍋炉就地修復或搬回大溪溝原址安裝案

吴總工程師說明：第三廠鍋炉就地修復需時四月，需款一千四萬八千元，搬回大溪溝需時四個月又二十天，需款三十萬元，除空襲因素外，自以在大溪溝安裝為最經濟

決議：（一）在經濟上管理上論，以搬回大溪溝為最適宜

（二）所需費用如何籌劃

甲、請政府補助

重庆电力股份有限公司董事会临时紧急会议纪录（一九四九年十二月二十三日） 0219-2-325

乙、请政府贷款

丙、请准由本公司借款以附加电费偿还

以上三项呈请军管会核示并申明公司现仅有四千五百瓩机炉一套可以发电一旦发生故障全市势将停电自来水公司亦无法起水修复机炉刻不容缓

四、安装五千瓩新机炉案

吴总工程师说明 本公司大溪沟厂安装五千瓩新机炉需款一百零五万元如何筹划敬请 公决

决议：专案呈请军管会核示

重庆电力股份有限公司董事会临时紧急会议纪录（一九四九年十二月二十三日） 0219-2-325

~~0000-39~~
112

临时动议事项

一、遵照军管会佈告呈报公司股本等项案

决议：照办

主席 康心如

康心如印

113

重慶電力公司董監聯席會議紀錄

時間：一九五〇年一月六日下午二時

地點：本公司會議室

出席：[illegible]

[illegible]

李文采

[illegible]

[illegible]

重庆电力股份有限公司董、监联席会议纪录（一九五〇年一月六日） 0219-2-325

于[illegible]

[illegible]代

康心如

[illegible]留之

杨筱波

杨燊三

[illegible]石代

重庆电力股份有限公司董、监联席会议纪录（一九五〇年一月六日） 0219-2-325

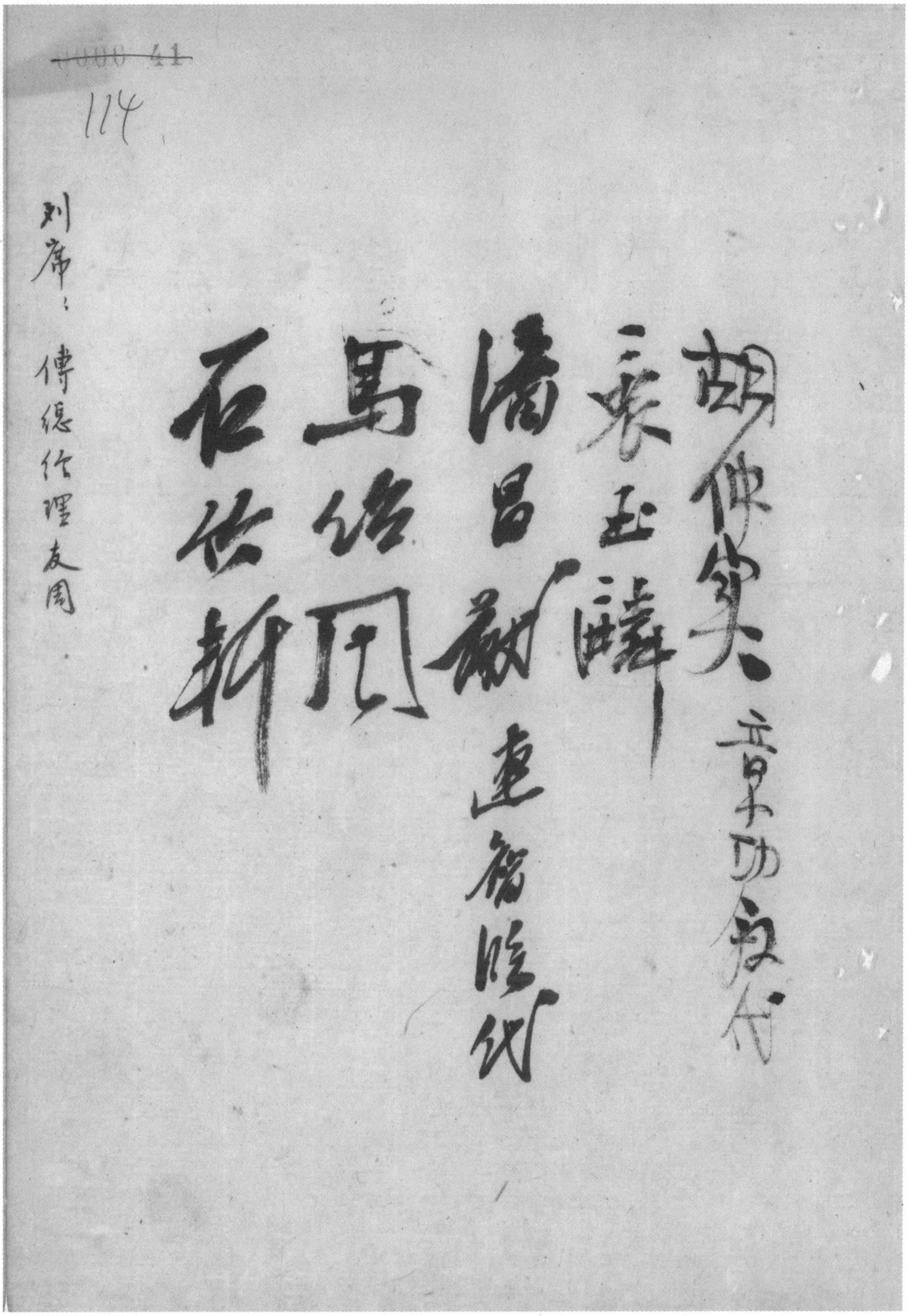

114

胡仲實 章子功代

衷玉麟

潘昌猷 連錫臣代

馬緒鳳

石竹軒

列席：傅總經理友周

重庆电力股份有限公司董、监联席会议纪录（一九五〇年一月六日） 0219-2-325

吳總工程師錫瀛
黃科長大庸
陳科長景嵐
章副科長疇叙
孫主任新傳
主席：康董事長心如
紀錄：張君鼎
主席宣佈本日到會董監已足法定人數正式開會 本日官股董監
首次出席我們全體拍掌歡迎

全體拍掌

討論事項

一、修復鵝公岩廠被炸鍋爐費用及工程進度案

說明：一九四九年十一月廿九日下午十二時許蔣潰軍交通警備旅所屬部隊分三路襲擊本公司鵝公岩廠驅逐職工立刻離開工作地点即將鍋爐洞前本公司護廠人員武裝解除跟即馳入鍋爐洞內安裝炸藥六箱頃刻之間鍋炉炸毁水塔被焚一部份事後清查鍋炉工人盧樹清彭子青高元成蒲興國李少丰彭桂林六人不及逃避炸死其隔壁邊平洞內工人數名受傷自十二月八日起就原有

重庆电力股份有限公司董、监联席会议纪录（一九五〇年一月六日） 0219-2-325

工人清查被炸機件原定月底完畢在職員工奮勇工作提前於十二月廿七日清查完竣較原定計劃提前四日損壞部份計有省煤器爐排爐管鍋爐房儀表鍋爐鋼柱引風機鍋爐饋水馬達引風機馬達配電板其他鍋爐生鐵零件火磚紅磚鍋爐洞保護設備等等估計需要十四萬八千四百六十元折合人民幣八億九千零七十六萬元四個月修理完竣除由公用部撥款三億元儘先購置各項亟需器材工具積極施工外本公司庫存備用器材自當全數選用並懇政府轉令各兵工廠撥用需要之器材以濟急需其不敷之款仍須源源設法此項修復費用本公司決定專款專帳不能作為他項費用惟現

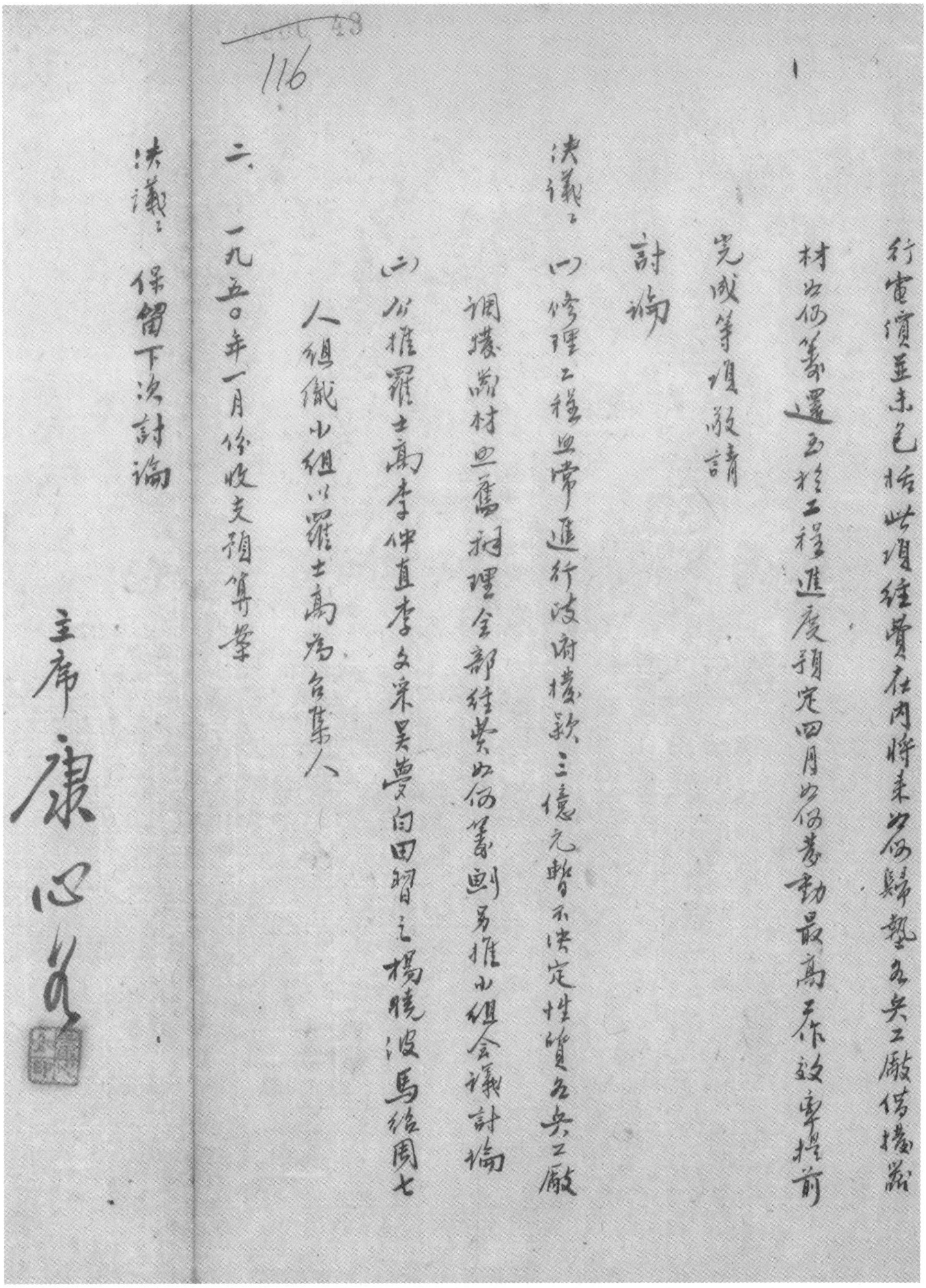

116

行當債並未包括此項經費在内將來如有歸墊各兵工廠借撥器材如何籌還至於工程進度預定四月如何努力最高工作效率提前完成等項敬請

討論

決議：（一）修理工程照常進行該借撥款三億元暫不決定性質各兵工廠調撥器材照舊辦理全部經費如何籌劃另推小組會議討論

（二）公推羅士高李仲直李文采吳豐白田智之楊曉波馬紹周七人組織小組以羅士高為召集人

二、一九五〇年一月份收支預算案

決議：保留下次討論

主席 康心如

重庆电力股份有限公司董、监联席会议纪录（一九五〇年一月六日） 0219-2-325

重庆电力股份有限公司临时紧急董、监联席会议纪录（一九五〇年一月八日） 0219-2-325

117

重慶電力公司臨時緊急董監聯席會議紀錄

時間：一九五〇年一月八日下午二時

地點：本公司會議室

出席 仇玉樊 康心之 潘昌猷 田習之 楊粲三 吴受彤 浦心雅 李仲直

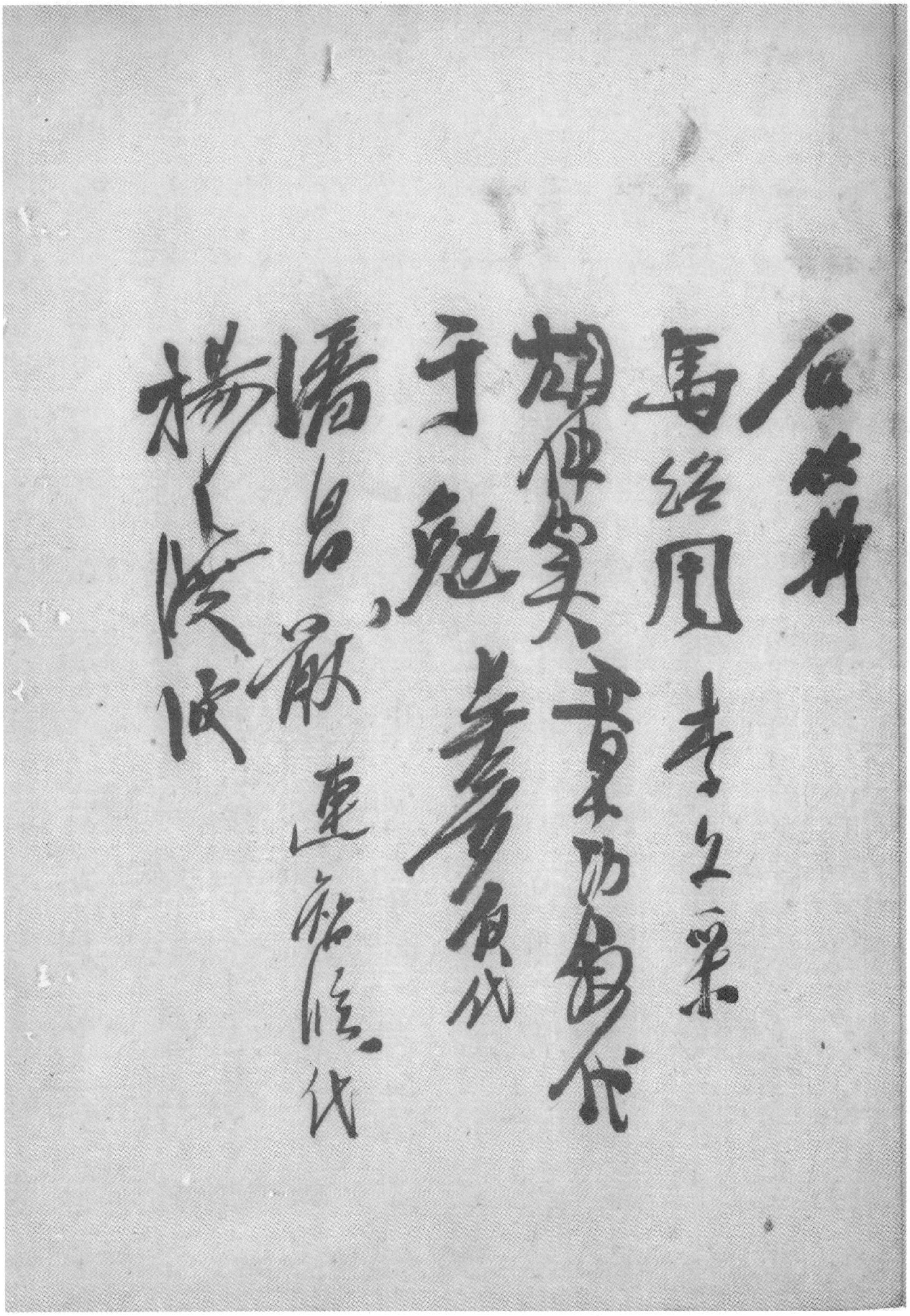
石竹轩
马绍周　[illegible]
胡仲实　[illegible]代
于[illegible]　[illegible]代
潘昌猷　[illegible]代
杨[illegible]波

重庆电力股份有限公司临时紧急董、监联席会议纪录（一九五〇年一月八日）　0219-2-325

重庆电力股份有限公司临时紧急董、监联席会议纪录（一九五〇年一月八日） 0219-2-325

~~300C 45~~
118

列席：傅總經理友周
吳總工程師錫瀛
黃科長大庸
張科長岩之
陳科長景嵐
主席：康董事長心如
紀錄：張君鼎
討論事項
一、報告小組會議經過案

說明：本月六日本會決議推舉董監七人組織小組討論加股及召開臨時股東會等項經於當日會商結果由董監聯席會推舉董監七人組織常務委員會或常駐董監會處理公司事務是否有當敬請

討論

決議：（一）由董監聯席會推舉公股羅士高李仲直李文采伍世哲周曉田穆之楊燦三石竹軒七董監組織常駐董監會自行推定召集人常駐董監不克出席常駐會議時得委託代表出席

（二）授權常駐董監會處理公司全部事宜常駐會議紀錄即送

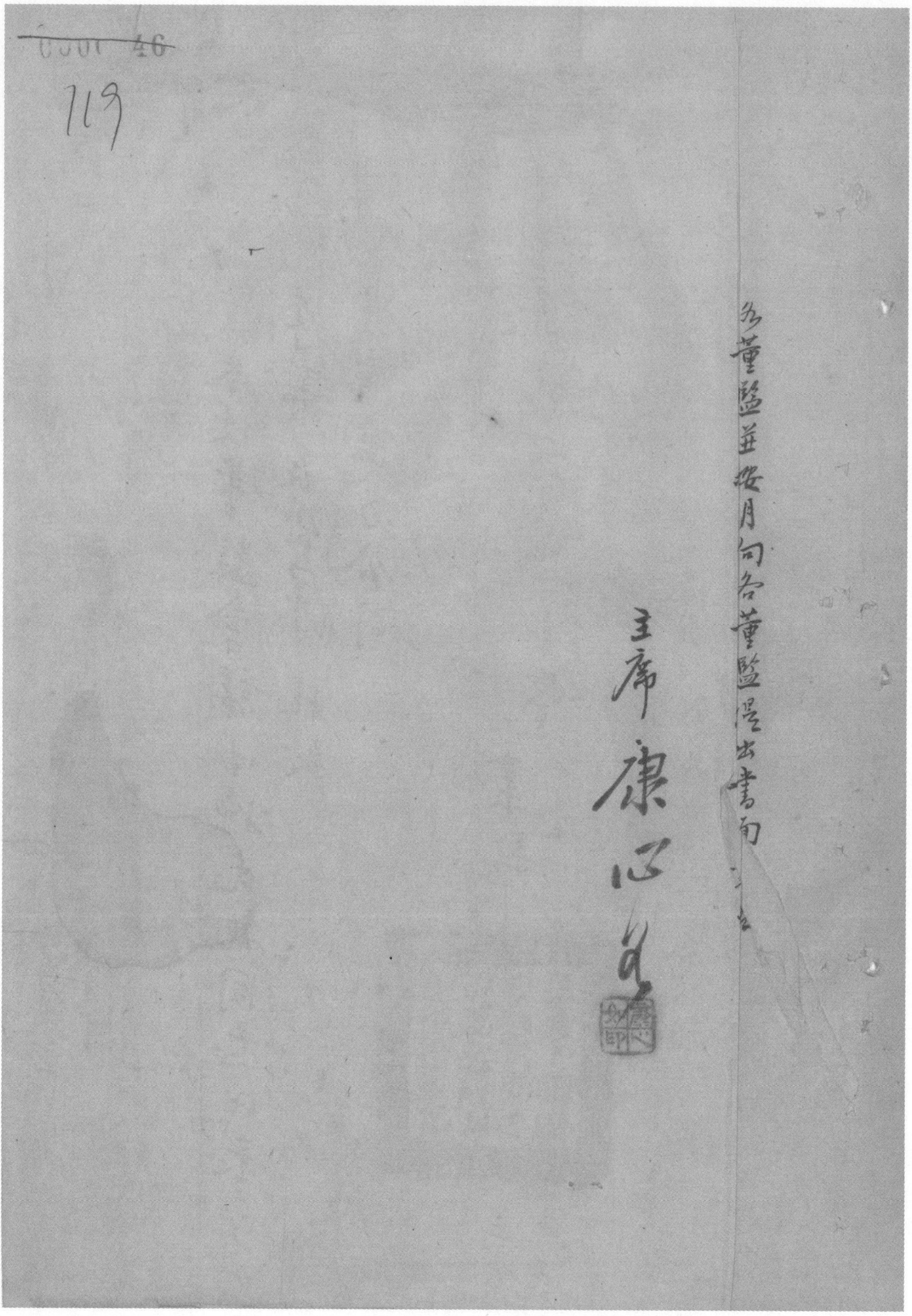
各董監並按月向各董監提出書面報告
主席 康心如

重庆电力股份有限公司临时紧急董、监联席会议纪录（一九五〇年一月八日） 0219-2-325

重庆电力股份有限公司临时维持委员会第一次会议纪录（一九四四年八月二十四日） 0219-2-324

0000 1

臨時維持委員會會議紀錄

重庆电力股份有限公司临时维持委员会第一次会议纪录（一九四四年八月二十四日） 0219-2-324

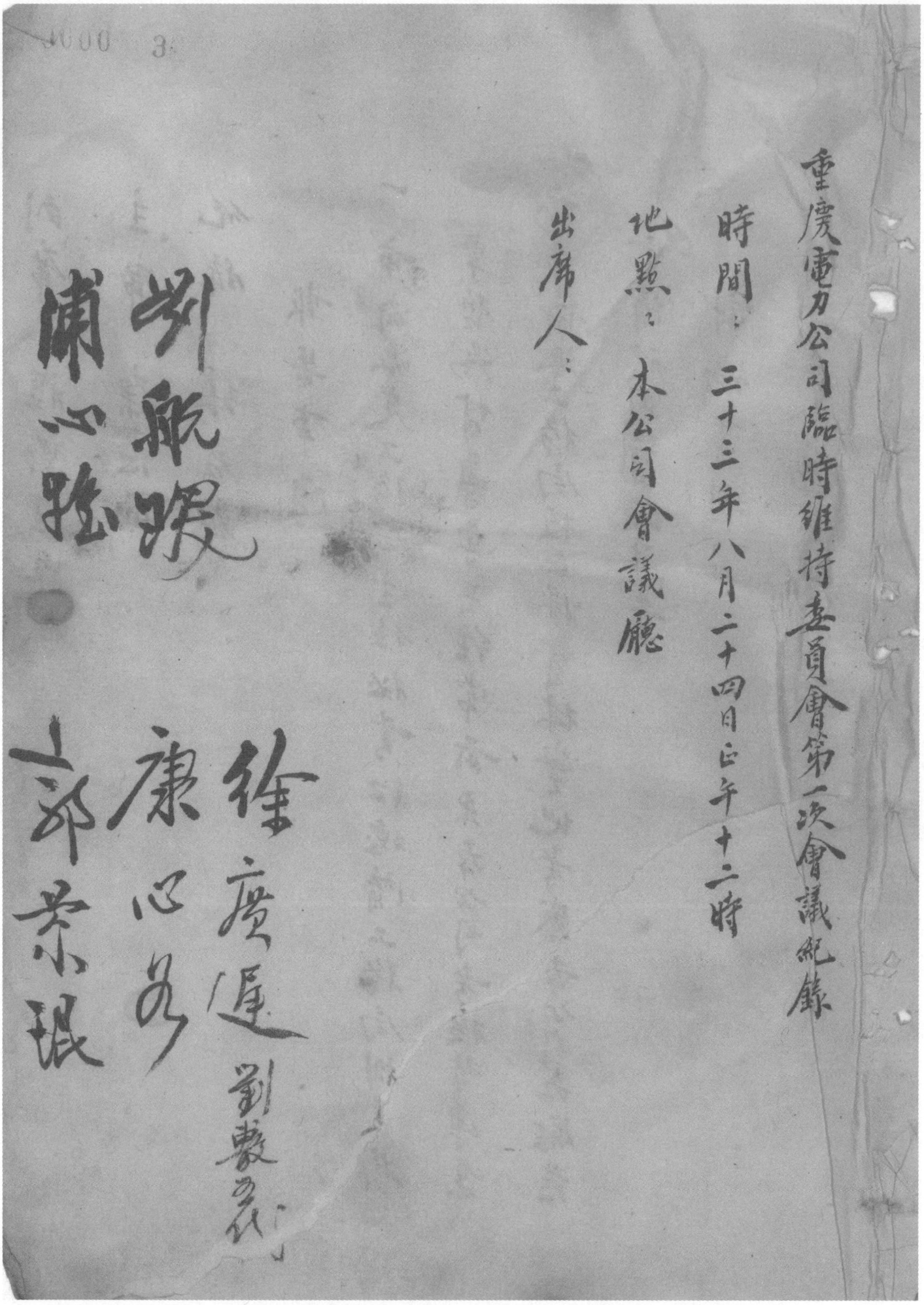
重慶電力公司臨時維持委員會第一次會議紀錄
時間：三十三年八月二十四日正午十二時
地點：本公司會議廳
出席人：
劉航琛
浦心雅
徐廣遲 劉數之代
康心如
郭棻琛

重庆电力股份有限公司临时维持委员会第一次会议纪录（一九四四年八月二十四日） 0219-2-324

列席人 程協理本臧

主席 康心如

紀錄 張君鼎

報告事項

一、市府派定工務局主任秘書江德潛工務局科長鄧卓哲爲督導專員經常前來本公司考核督導案

二、市府派工務局技正楊寶林實地考察本公司各廠發電情形用資改進案

討論事項

一、討論本會組織規程案

重庆电力股份有限公司临时维持委员会第一次会议纪录（一九四四年八月二十四日）　0219-2-324

決議：修正通過，修正之點第三條第一項計劃收支之
平衡第二項籌備將來復廠計劃及所需之資金
關于第三條第三項訂定員工之待遇与名額事宜
亟應積極辦理由董事一人推定康董事心如維
持委員會一人推定劉委員航琛浦總經理心雅程
協理本臧吳總工程師錫瀛五人負責計劃應先召
集各主管會商擬定辦法提由本會核議送請
董事會決定

二、五十兵工廠非正式要求租借營業區域案

說明：本公司自三十二年十月起向五十兵工廠躉售約一

重庆电力股份有限公司临时维持委员会第一次会议纪录（一九四四年八月二十四日） 0219-2-324

千三百瓩轉供水泥廠及龍门浩一帶售電費用併照
實用度數及本公司電力售價九折計算現經濟部
核定巴縣電力公司電價電力價為六十五元電燈為
四十元較本公司電價俱高數倍因而五十廠非正式
要求租借本公司一部份營業權俾該廠可照巴縣公
司電價直接向用户收費現按九折計算原亦不足以補
償線路損失及管理費用欲向用户直接收費固於
公司無損如果五十廠正式提出要求似可據以轉呈
經濟部並非期其核准不過藉以表明而已可否之
處提請 公決

重庆电力股份有限公司临时维持委员会第一次会议纪录（一九四四年八月二十四日） 0219-2-324

決議：非正式答復該廠由該廠自行向主管機關請求如果核准再議租借辦法

三、李家沱供用電資產案

說明　李家沱原非本公司之營業區域，三十年奉經濟部令延長路線至李家沱供給該工業區用電，三十二年巴縣電力公司成立，本公司放棄該區供電權，巴縣電力公司電廠已於本年三月二十五日完成發電，同時公司即停止躉電公司在李家沱所裝設之供電用電設備如何處理，經與巴縣電力公司一度商定原則如下

重庆电力股份有限公司临时维持委员会第一次会议纪录（一九四四年八月二十四日） 0219-2-324

木桿電线磁瓶横担等（四月估價為國幣二百六十八萬零五百九十七元八角）作價由巴縣電力公司收購，變壓器電表等（四月估價為國幣七百零一萬四千二百五十元）暫由巴縣電力公司租用，定期由公司折回，正在商訂租約及洽議價格，中巴縣電力公司要求連變壓器電表等全部價讓，查原裝李家沱之變壓器為六百、二百及五十開維愛各一具，六百開維較少，似可價讓，其餘二具以收回為是，至電表數量不多，亦不妨價讓，究應如何處置，請 公決

決議：除二百開維愛及五十開維愛變壓器不擬出讓，請

重庆电力股份有限公司临时维持委员会第一次会议纪录（一九四四年八月二十四日）　0219-2-324

已輸電力公司限期歸還外其餘木桿電線磁瓶横担六
百兩柴發變壓器及電表等均勉照最近市價讓售
並應在九月份內將清償款逾期全部拆回
以上三案均應報告董事會備案

四、傅彥予出征安家費案
說明：業務科學徒傅彥予投效遠征軍熱忱可
嘉惟家有親老無力贍養可否由公司一次補助以
資鼓勵請　公決
決議：補助一萬五千元

五、丁德昌撫卹費案

重庆电力股份有限公司临时维持委员会第一次会议纪录（一九四四年八月二十四日）　0219-2-324

说明：业务科收费员丁德昌于本年七月廿五日肺病死亡，身后萧条，公司垫付医药丧葬各费四万零四百九十二元，除按照职工疾病医药规则及职工抚恤规则应领医药费及抚恤金二万四千二百九十五元二角，尚短一万六千一百九十六元八角，该员服务已逾四年，不无劳绩，恳予核销，作为特别抚恤。可否？请　公决

决议：准予核销

主席　康心之

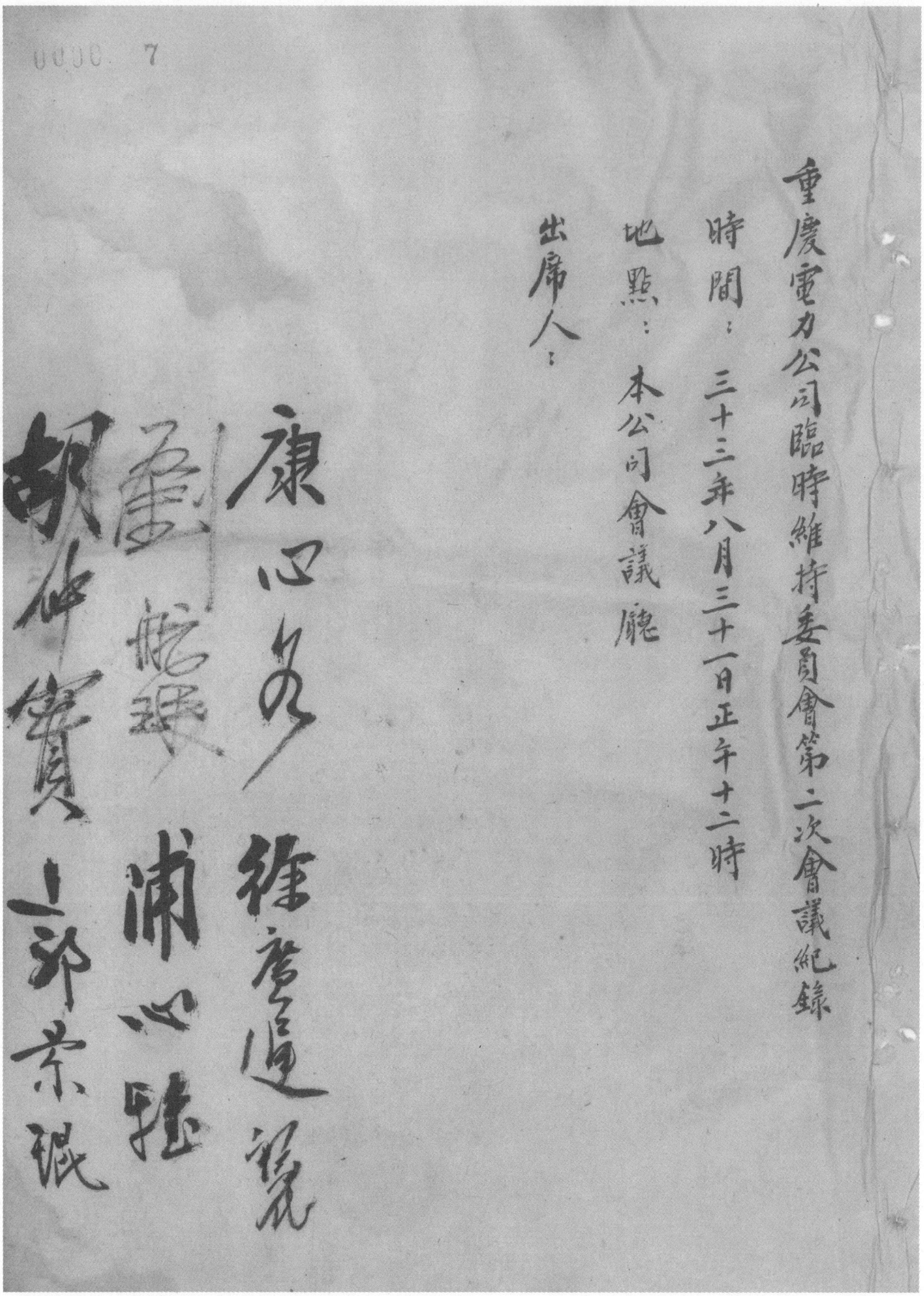

重慶電力公司臨時維持委員會第二次會議紀錄

時間：三十三年八月三十一日正午十二時

地點：本公司會議廳

出席人：

康心如 徐廣遲 劉航琛 浦心雅 胡仲實 鄧荣璣

重庆电力股份有限公司临时维持委员会第二次会议纪录（一九四四年八月三十一日） 0219-2-324

重庆电力股份有限公司临时维持委员会第二次会议纪录（一九四四年八月三十一日） 0219-2-324

列席人　程協理本臧
　　　　黄科長大庸
主席：唐心如
紀錄：張君鼎

報告事項

一、報告八月份收支概況案

討論事項

一、戰後復廠計劃及所需之資金案
決議：緩辦
二、訂定員工之待遇與名額案

重庆电力股份有限公司临时维持委员会第二次会议纪录（一九四四年八月三十一日） 0219-2-324

8

說明 本會第一次會議之決推定康董事等五人負責訂定員工之待遇與名額並決定由程協理先與各主管商討經一度召集會商僉以事體重大各主管不便參加意見俾公開發表意見宜分別設法徵詢意見去職員工宜訂定優待辦法應如何辦理請 討論

決議：(一)名額由程協理召集各主管分別設法

(二)人事 由總協理決定

(三)待遇 徵詢各主管意見後報會核議送董事會決定

三、函市參議會陳述公司困難情形請予保護案

重庆电力股份有限公司临时维持委员会第二次会议纪录（一九四四年八月三十一日） 0219-2-324

决议：照发

四、建设新村防空洞加置木架支撑案

说明：李子坝建设新村防空洞原係安装柴油发电机之用，自资源委员会收回油机后堆放本公司重要器材，并以该石部份有倾圮之虞，亟应加做木撑以策安全，经建业营造厂设计估价为五十一万元，是否照做，请公决

决议：通过

五、业务科工务员周忠义因病辞职请给退职金案

说明：业务科工务员周忠义患肺病吐血，经本公司

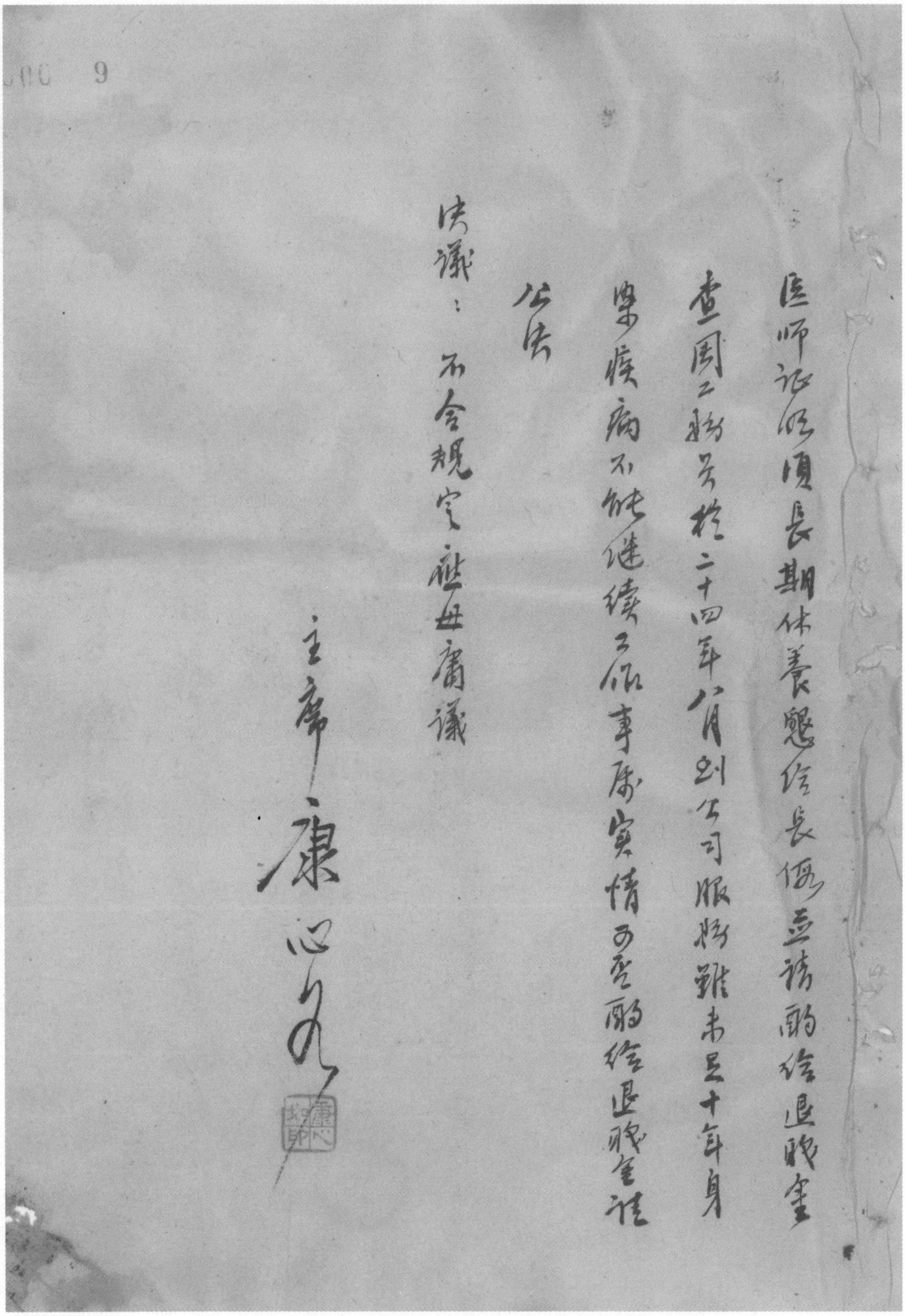

医师证明须长期休养恳给长假并请酌给退职金

查周工务员于二十四年八月到公司服务虽未足十年身患疾病不能继续工作事属实情可否酌给退职金请

公决

决议：不合规定碍难审议

主席 康心如

重庆电力股份有限公司临时维持委员会第二次会议纪录（一九四四年八月三十一日） 0219-2-324

重庆电力股份有限公司临时维持委员会第三次会议纪录（一九四四年九月十四日） 0219-2-324

17

重慶電力公司臨時維持委員會第三次會議紀錄

時間 三十三年九月十四日中午十二時

地點 本公司會議廳

出席人

徐廣遲 劉敷義代

胡仲實

康心之

郭荣琨

重庆电力股份有限公司临时维持委员会第三次会议纪录（一九四四年九月十四日） 0219-2-324

浦心雅

劉航琛

列席人：程協理本臧

主席 劉航琛

紀錄 張君鼎

報告事項

一、自來水公司應付電費案

說明 查自來水公司自三十一年八月份起至卅三年八月份止

應付本公司電費及利息共計三千四百四十萬零八千九百

重庆电力股份有限公司临时维持委员会第三次会议纪录（一九四四年九月十四日） 0219-2-324

三十五元六角一分（七八兩月利息未計）除陸續繳付一千八百三十七萬五千九百九十元外積欠本公司電費及利息一千六百零三萬二千九百四十五元六角三分因該公司不同意照經濟部核定電價及調整費計算（在卅二年七月以前之電費希望打八折去年七月以後之電費希望不加煤價調整費並不同意計算利息）以致無法結賬所收之款均出臨時收據未給正式電費單據是項電費均積存會計科深恐久懸不決將來清理費事應如何辦理一案提經本月八日本會談話會商定推黎劉蒲三委員洽商解决辦法請 追認

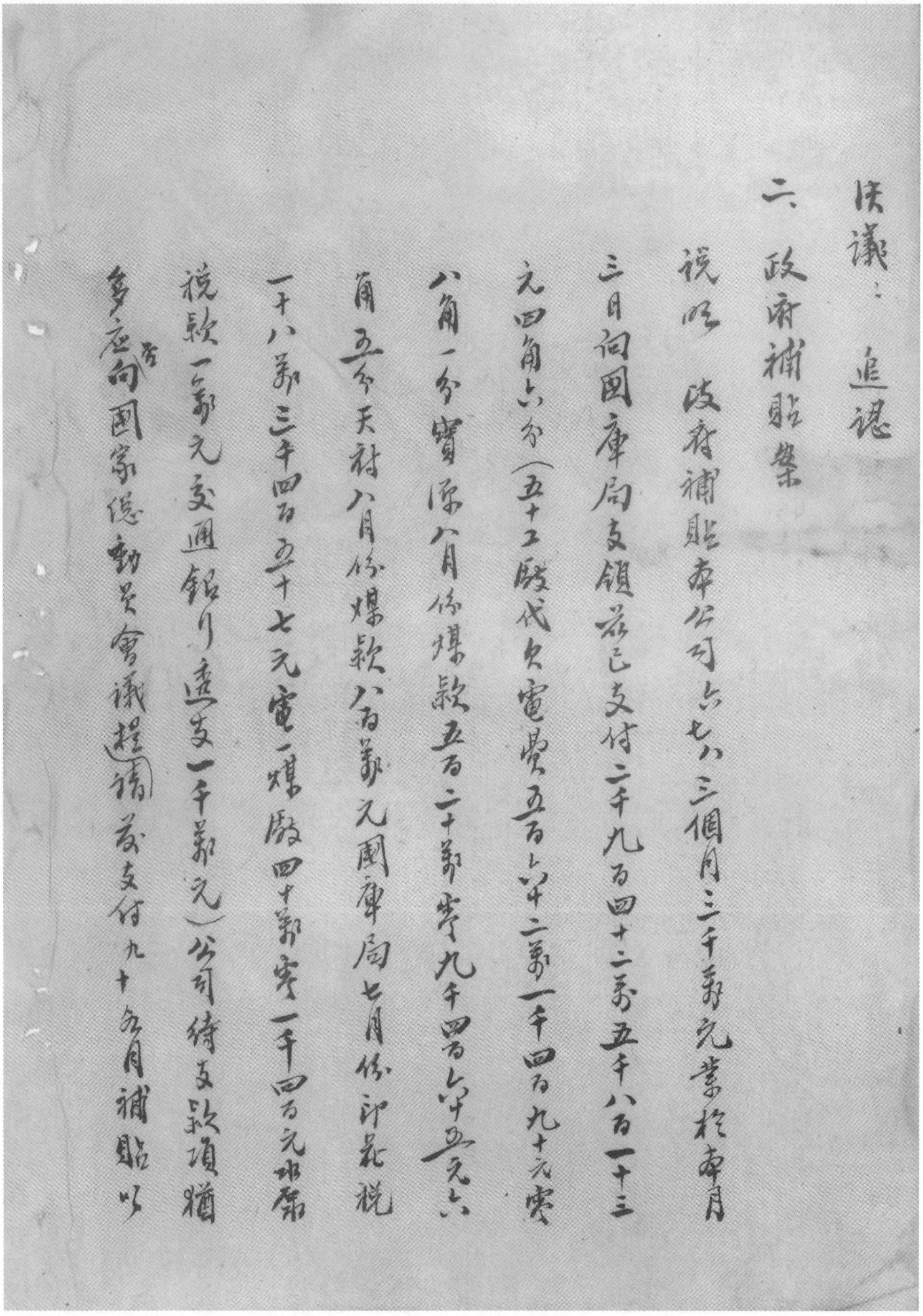

決議：追認

二、政府補貼案

說明　政府補貼本公司六七八三個月二千萬元業於本月三日向國庫局支領並已支付二千九百四十二萬五千八百一十三元四角六分（五十工廠代收電費五百六十二萬一千四百九十元零八角一分實除六月份煤款五百二十萬零九千四百六十五元六角五分天府八月份煤款八百萬元國庫局七月份印花稅一十八萬三千四百五十七元電一煤廠四十萬零一千四百元水廠稅款一萬元交通銀行透支一千萬元）公司待支款項猶多應告向國家總動員會議提請發支付九十兩月補貼以

重庆电力股份有限公司临时维持委员会第三次会议纪录（一九四四年九月十四日）　0219-2-324

重庆电力股份有限公司临时维持委员会第三次会议纪录（一九四四年九月十四日） 0219-2-324

濟要需一案提經本月八日本會談話會商定推康劉兩委員逕向國家總動員會議洽商補助數目另由公司呈請總動員會議早賜派員查帳核計實需成本請 追認

決議：追認

三、中央信託局合作儲煤案

說明 本公司前與中央信託局洽定合作購儲燃煤一萬噸旋即向天府定購五千噸實際定購三千噸天府已交足實際只交一千七百四十三噸照約應於煤觔進棧三個月內領購六個月內領購清楚因早已屆期業經商准展期六個月惟提用部份約四百餘噸亦應即清償現時為撙減虧購

重庆电力股份有限公司临时维持委员会第三次会议纪录（一九四四年九月十四日）　0219-2-324

届冬令恐鬧煤荒擬仍請隨提隨即補足以合同規定一萬
噸為度俾免缺煤

討論事項

决議：照辦

一、煤廠料员李經銘請發給退職金案

說明：查一煤廠自本年七月起暫停開採並裁減人员一
批被裁人员照給薪俸三個月李經銘亦係被裁人员之一
並請優予發給退職金查該员於二十三年　月到公司服
務三十年十月調查一煤廠工作年逾六旬應否從優核給請
公决

重庆电力股份有限公司临时维持委员会第三次会议纪录（一九四四年九月十四日） 0219-2-324

决議：該員服務公司將近十年，年逾六旬，除已給退職金三個月薪津外，加給五萬元

二、業務科工務員周惠若因病請給長假，並懇給退職金以便療養案

說明：業務科工務員周惠若因患肺病，請給長假一案，經八月三十一日本會第二次會議決議"不合規定，應毋庸議"。該員原請給病假三月，照章仍可支領薪津，主管見其病勢沉重，非短時期可能痊癒，勸其長假療養，可否仍准病假辦理，請 公決

決議：給假二月，以資療養，屆時不痊，停薪留資

重庆电力股份有限公司临时维持委员会第三次会议纪录（一九四四年九月十四日） 0219-2-324

三、福華通工礦公司申請用電案

說明　福華通工礦公司申請在山洞涼風埡用電一五十瓩，俟查勘估計全部工程費用約需四百餘萬元，該公司願照繳補助費，惟三廠負荷除白晝及下半夜尚可勉強增加外，上半夜不宜再加，應否供給，請　公決

決議　由程協理與該公司商洽（一）減少用電量（二）規定用電時間

四、政府攤派三十二年同盟勝利公債六百零七萬八千元案

說明　財政部公債籌募委員會通知本公司應購三十二年同盟勝利公債六百零七萬八千元，分別於四月十五

重庆电力股份有限公司临时维持委员会第三次会议纪录（一九四四年九月十四日）　0219-2-324

五月十五、六月十五、前繳款屢擬催派員來臨時當以困難旋接重慶市分會公函自九月十六日以後对未繳款各户實行加派并延抗不繳請由主管官署予以停業或調銷營業執照函公究應如何辦理請　讨论

決議　先行申叙公司困難請予免派

五、遂川工廠聯合會重慶市國貨廠商聯合會函請認購鄉鎮公益儲蓄券八十二萬五千七百萬元案

說明　各方向公司各單位要求認購公益儲蓄券者甚多除大溪溝鎮公所要求第一廠認購一十萬元及江北城區體仁堂鎮公所要求江北辦事處認購四萬元因求辦事便利

重庆电力股份有限公司临时维持委员会第三次会议纪录（一九四四年九月十四日） 0219-2-324

起見分別勉認二萬元及五千元外其餘均經推絕現遷川工廠联合會及重慶市國貨廠商联合會於八月三十日会函公司擬派鄉鎮公益儲蓄券國幣計二萬五千七百元應如何辦理請　公决

決議　先行申述公司困難請予免購

六、已收電表補助費應否遵令發還用戶案

說明　本公司前以經濟部核定之電表押金與電表市價相差甚遠既不足以保障資產而表價之利息又不能取償於電費增加用戶續增賠累而又無法完全推絕新裝經濟部核准收取接户材料補助費電表似可列為接户材料乃

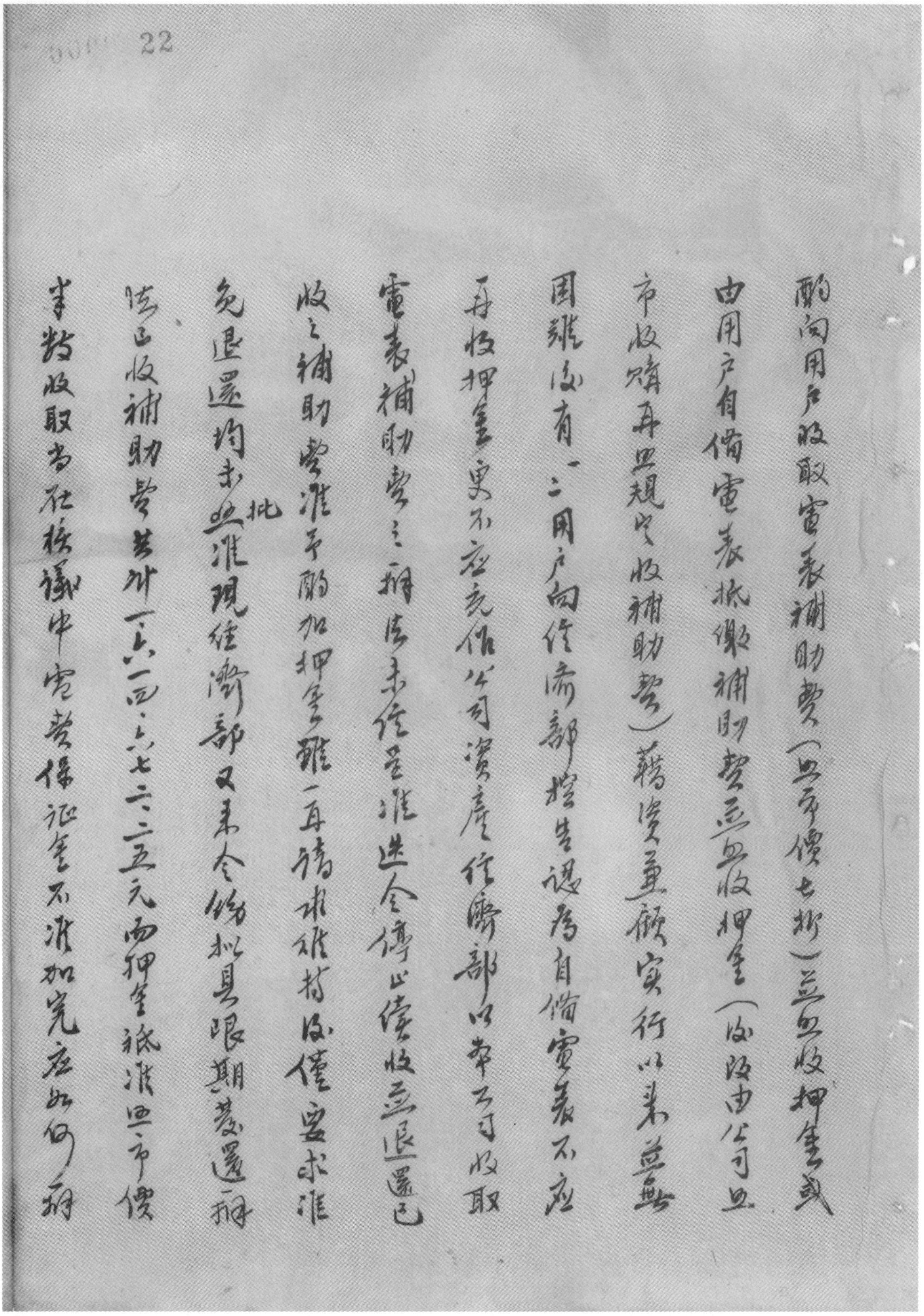

酌向用户收取电表补助费（照市价七折）並照收押金或由用户自备电表抵缴补助费並照收押金（仍须由公司照市价再照规定收补助费）藉资兼顾实行以来益無困难仍有一二用户向经济部控告谓为自备电表不应再收押金更不应充作公司资产经济部以本公司收取电表补助费之办法未经呈准迭令停止债收並退还已收之补助费准予酌加押金虽一再请求维持仍仅要求准免退还均未批准现经济部又来令饬拟具限期发还办法已收补助费共计一六一四、六七六、二五元而押金祇准照市价半数收取当在核议中电费保证金不准加究应如何办

理事請 討論

決議 在國家總動員會議補貼一節未解決前暫不討論

七、四聯總處借款案

說明 本公司於本年七月六日函請四聯總處准予將(一)購備器材用料抵押借款二千五百萬元增為四千萬元展期一年(二)將全部資產抵押借款一千萬元增為三千萬元並將還本期限續展一年(三)將增加透支一千萬元展期三個月現已接該處函復所有要求展期部份均允照辦要求增借部份概未照准查公司除政府津貼一千萬元外每月收支不敷之數最少為一千萬元如須補發職工三月至九月

重庆电力股份有限公司临时维持委员会第三次会议纪录（一九四四年九月十四日） 0219-2-324

重庆电力股份有限公司临时维持委员会第三次会议纪录（一九四四年九月十四日） 0219-2-324

之款全部至九月津貼共約二千餘萬元告貸無門究應

如何辦理敬請　討論

決議　推舉劉兩委員向國家總動員會議洽商津貼並呈請張

會准予轉請四聯總處照借

八、出售第一二兩廠劣質煤觔案

說明　本公司第一二兩廠所存電一煤廠煤觔一千七百噸質地太壞

幾至無法燒用偶因缺煤勉用亦於開關損失甚大應如何處

置請　討論

決議：揀選燒用

九、電一煤廠三年來損耗煤觔案

重庆电力股份有限公司临时维持委员会第三次会议纪录（一九四四年九月十四日） 0219-2-324

說明 電一煤廠自三十年七月開辦起至三十三年七月底止共產煤四八、〇六二、七〇九噸運出數量較出數少本年一月至四月廠前段運輸損耗五六七、一五〇噸前白段損耗七八六、九一〇噸已報請董事會核銷現經派員查該連同已核銷損耗計算三年來共為五、二九七、〇九七噸內計廠庫損耗三、四九〇、四四七噸查煤廠慣例大稱收進小稱發出約差十分之一該廠自三十二年一月起收發一律改用磅秤不免有折耗所報廠庫損失一、八〇六、六五〇噸或係實情其餘三、四九〇、四四七噸為運輸損耗查各廠俱有是項折耗天府約為運輸量百分之八電一廠設備簡陋與復間運輸量或須較

重庆电力股份有限公司临时维持委员会第三次会议纪录（一九四四年九月十四日） 0219-2-324

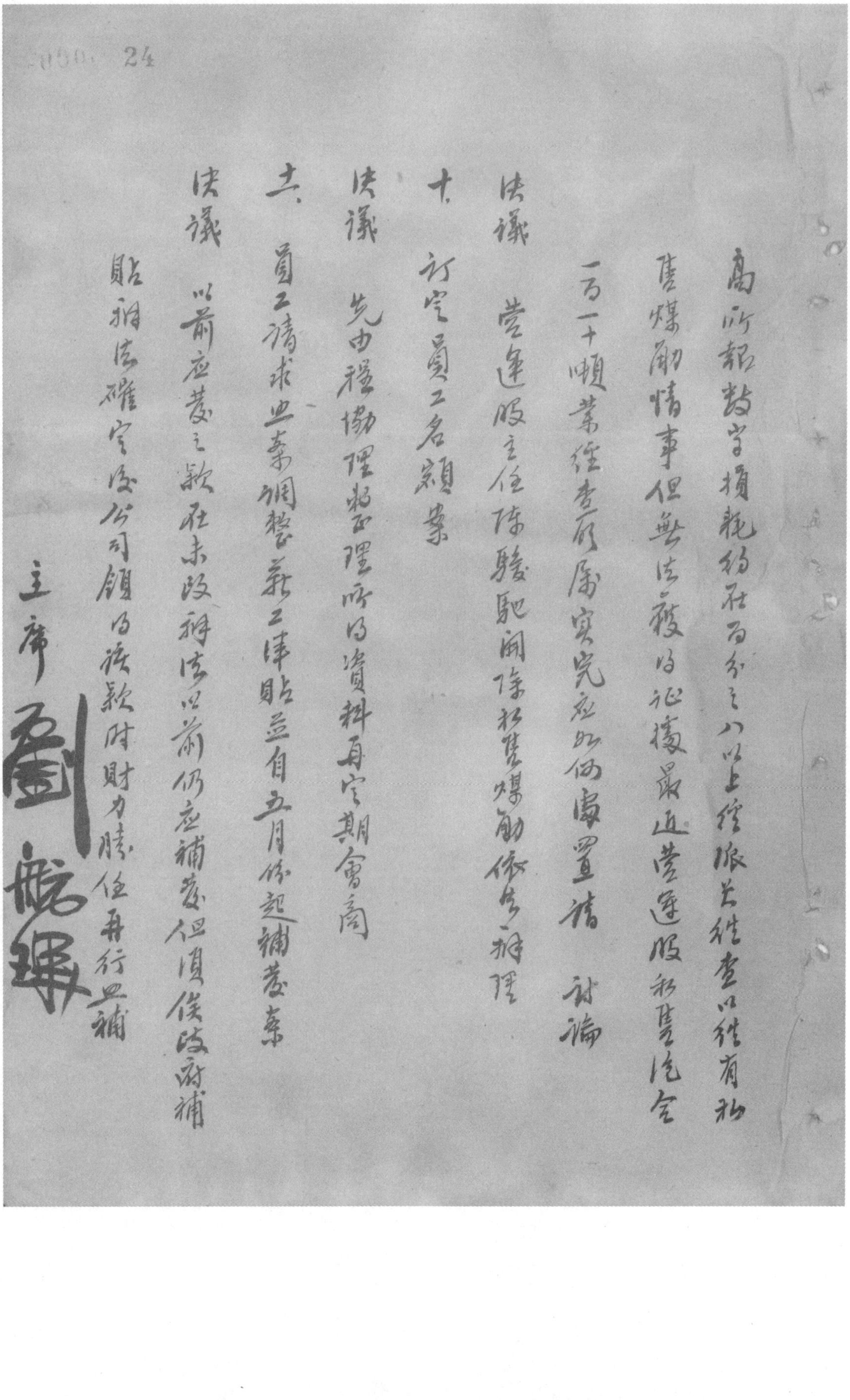
0050 24

高所報數字損耗約在百分之八以上經派員往查以往有私售煤觔情事但無法獲得證據最近營運股私售迄今一百一十噸業經查有屬實究應如何處置請 討論

決議 營運股主任陳駿馳開除於私售煤觔依法辦理

十、訂定員工名額案

決議 先由程協理楊副理將所得資料再定期會商

十一、員工請求照案調整薪工津貼並自五月份起補發案

決議 以前應發之款在未改辦法以前仍應補發但須俟政府補貼辦法確定後公司領得該款時財力勝任再行照補

主席 劉航琛

重庆电力股份有限公司临时维持委员会谈话会纪录（一九四四年九月二十一日） 0219-2-324

重慶電力公司臨时維持委員會談話會纪錄

時間　三十三年九月二十一日中午十二時

地點　本公司會議廳

出席　丁祁荣派　徐廣遲　劉毅五代

重庆电力股份有限公司临时维持委员会谈话会纪录（一九四四年九月二十一日）　0219-2-324

列席　程協理本臧

吴總工程師錫瀛

主席　鄧昌琨

紀錄　張君鼎

主席宣佈本日到会委員不足法定人数改開談話会所

有決議事件提請下次會議追認

報告事項

一　政府領發戰時公營私營企業請求調整價格或政府補

貼考核施行辦法案

說明　國家總動員會議為穩定物價維護生產並籌

重庆电力股份有限公司临时维持委员会谈话会纪录（一九四四年九月二十一日） 0219-2-324

並顧起見經擬具戰時公營私營企業請求調整價格或
政府補貼考核辦法呈經行政院三十三年八月廿八日義叁
字第一八三一三號指令修正飭遵照公佈施行公司現已
奉到工務局轉發是項辦法原文如下（見另頁）

討論事項

一、電力煤廠報告三年來損耗煤觔原因案

說明　查電力煤廠本年一月五日簽呈損耗煤觔一、三
五四、○六○噸經提請七月二十日第八十二項董事會議通過
關係派員前往廠地調查自三十年六月開辦起至三十三年
七月底總共產煤四八、○六二、七○九噸內計廠庫損耗一、

重庆电力股份有限公司临时维持委员会谈话会纪录（一九四四年九月二十一日） 0219-2-324

八〇六、六五〇噸，運輸損耗連同本會通過者共計三六四九〇·
四四七噸，經過情形提請上次會議討論在案，茲據該廠
報告運輸煤觔三四、八一八、二〇五噸，損耗五千餘噸，損耗原
因計有六種
一、水份損失　因窯內濕潤出洞口時用磅门值秤量一經
堆存水份揮發重量減縮，損耗量為百之一·七五九
二、夾石損失　因炭達多係「夾」與「炭」混合，窯內剔擇雖
於廠底出洞口後又復揀選，損耗量為百分之二
三、滑拖損失　工人裝運滑拖沿途散失，雖經收回仍耗去
部份，由廠轉坪又由白廟子下河，途程既遠，迭經起卸，損耗

重庆电力股份有限公司临时维持委员会谈话会纪录（一九四四年九月二十一日） 0219-2-324

0000 27

量為百分之五
四、車運損失 由第家灣到白廟子綫純由天府車運裝
卸拋失沿途漏落有時車板已壞閉閉不嚴損失竟在
半數平均損耗量為百分之三
五、風雨損失 存放殿坪及第白兩站之煤大風吹刮及山
洪沖刷而有損失損耗量為百分之二
六、偷竊損失 苦力貧民乘機竊取防不勝防損耗量為
百分之一．〇二四
上項損失確係實情較諸天府及附近各礦損耗實不為鉅
此種損失非人力所能挽救為一般礦商必有之盤損茲請該

廠所報各項損失緣由是否有當請 討論

決議 備查

二、司機戴澤鈞駕車撞傷行人懇由公司津貼養傷費案

說明 司機戴澤鈞於去年八月二十八日駕車由鵝公岩返城途中撞傷行人張自權即送中央醫院治療經三個月又十二天治愈住院費三萬二千元由該司機自付前後該司機簽稱張自權以因傷成廢無法謀生需由該給生活費四萬元經與交涉三萬二千元茲懇由公司津貼此款以輕負擔查該司機肇事後負擔撫卹養傷費甚重以致影響生活情形實可憫總務科核簽請給津貼

重庆电力股份有限公司临时维持委员会谈话会纪录（一九四四年九月二十一日） 0219-2-324

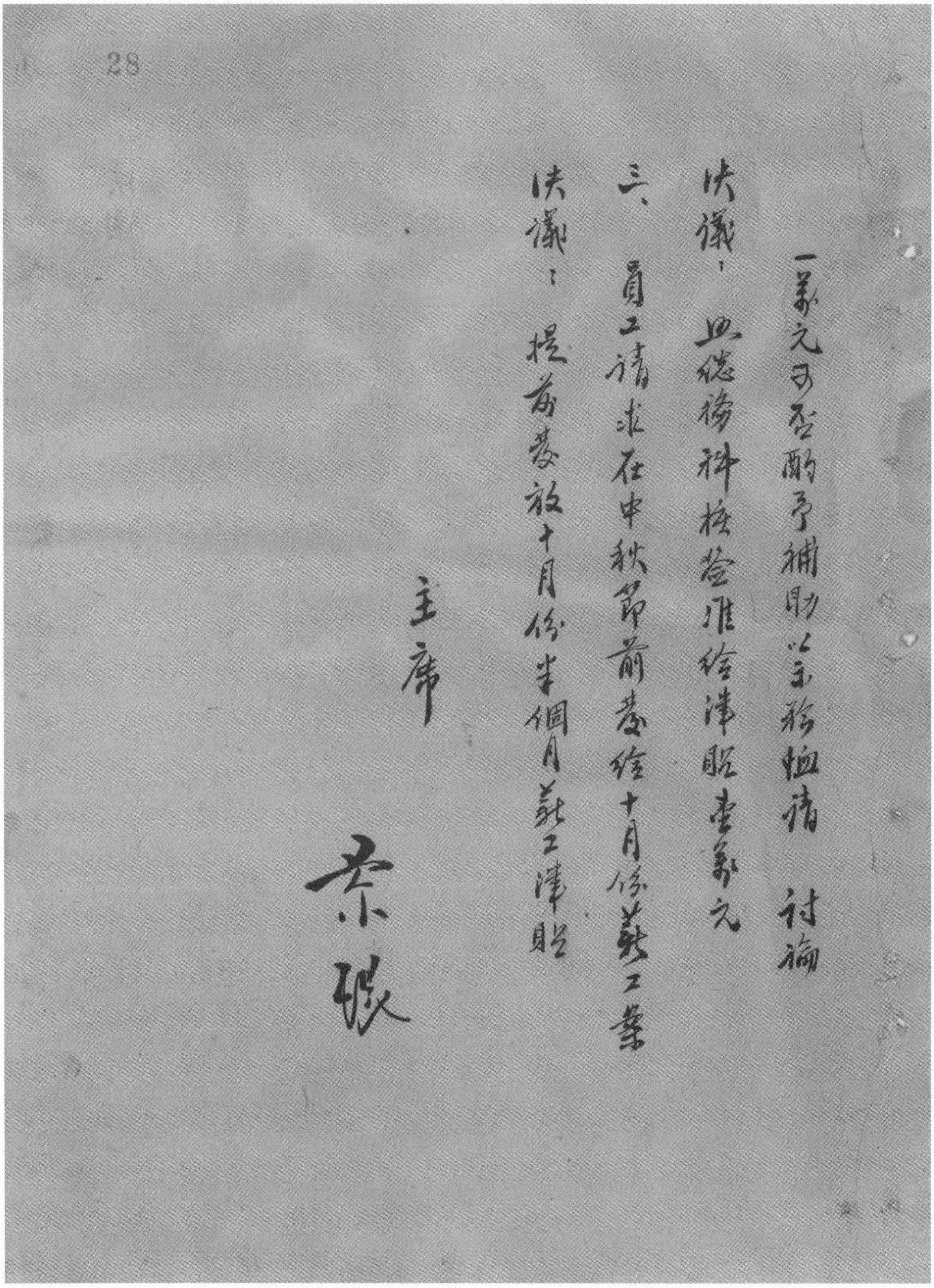

28

一萬元可否酌予補助以示矜恤請 討論

決議：由總務科核簽准給津貼壹萬元

三、員工請求在中秋節前發給十月份薪工案

決議：提前發放十月份半個月薪工津貼

主席 [illegible]

重庆电力股份有限公司临时维持委员会第四次会议纪录（一九四四年十月五日）　0219-2-324

重慶電力公司臨時維持委員會第四次會議紀錄

時間　三十三年十月五日中午十二時

地點　本公司會議廳

出席　徐廣遲　[illegible]代

康心如　[illegible]代

[illegible]

重庆电力股份有限公司临时维持委员会第四次会议纪录（一九四四年十月五日） 0219-2-324

滴乙號

列席 程協理本臧

吴總工程師錫瀛

主席 郭景琨

紀錄 張君鼎

報告事項

一、市參議會函復公司陳述困難情形請予維護案

說明 本會第二次會議決議函市參議會陳述公司困難情形請予維護一案茲接該會覆函稱「當經向政府

31

據具意見並抄案轉請市政府辦理見復市府於九月昔復函略謂「查本府於該公司負有督導之責所請兩節或已經辦理或正在辦理中茲分陳於次(一)市府經會同經濟部呈請行政院從本年六月份起每月由政府補助該公司電燈成本一千萬元並於電力部份仍照煤價調整辦法由各電力用戶負担(二)行政院曾經有窃電處理辦法及取締軍警機關部隊及所屬人員強用電流規則通飭遵照有案本府亦經令飭電力公司組織用電檢查組嚴切取締窃電及強用電流等項實行以來阻礙多端雖收宏效現正研究改進中(三)年來經

重庆电力股份有限公司临时维持委员会第四次会议纪录（一九四四年十月五日） 0219-2-324

商请中央造纸厂及第二十一、二十四、五十兵工厂于发电自给外将其馀电供给市用以共成效，最近并由本府工务局派员调查本市区内各工厂自有发电设备情形与电力公司合作减少其负担云云

二

国家总动员会议派定人员前来公司考核案

说明　九月八日本会谈话会决议由公司呈请国家总动员会议早赐派员查帐核计实需成本一案，前据该会议九月二十七日代电略谓：查对于渝市附近各项主要公营民营企业之考核，本会议业经根据战时公营私营企业请求调整价格或政府补贴考核办法之规定审查准各

32

主管机关派定考核人员最近即可出发考核云云

三 国家总动员会议电复前请转函四联总处增加借款案

说明 查前本会第三次会议决议呈请国家总动员会议恳请转函四联总处准将购储器材油料借款增至四千万元（原为二千五百万元）全部资产抵押借款增至三千万元（原为一千万元）并请将前次增借透支款一千万元与原借透支款二千万元合并计算（即将透支改为三千万元）兹接该会议秘书厅代电略谓"查四联总处已准展缓该公司还债期限所请加借各节应俟本会议会同经济部及重庆市政府派员考核后再

重庆电力股份有限公司临时维持委员会第四次会议纪录（一九四四年十月五日） 0219-2-324

行核辦〃等語

討論事項

一 修換各用戶接戶綫案

說明 查本公司用戶接戶綫年久多已破舊為免發生意外起見亟应整理估計須預備五千萬元之接戶材料应否撥款採換請 討論

決議 緩辦

二 核銷員工用電電費案

說明 查三十二年度本公司員工用電曾特入公司管理費用以示優待之意本年度八月份止是項電費共計貳拾五

重庆电力股份有限公司临时维持委员会第四次会议纪录（一九四四年十月五日） 0219-2-324

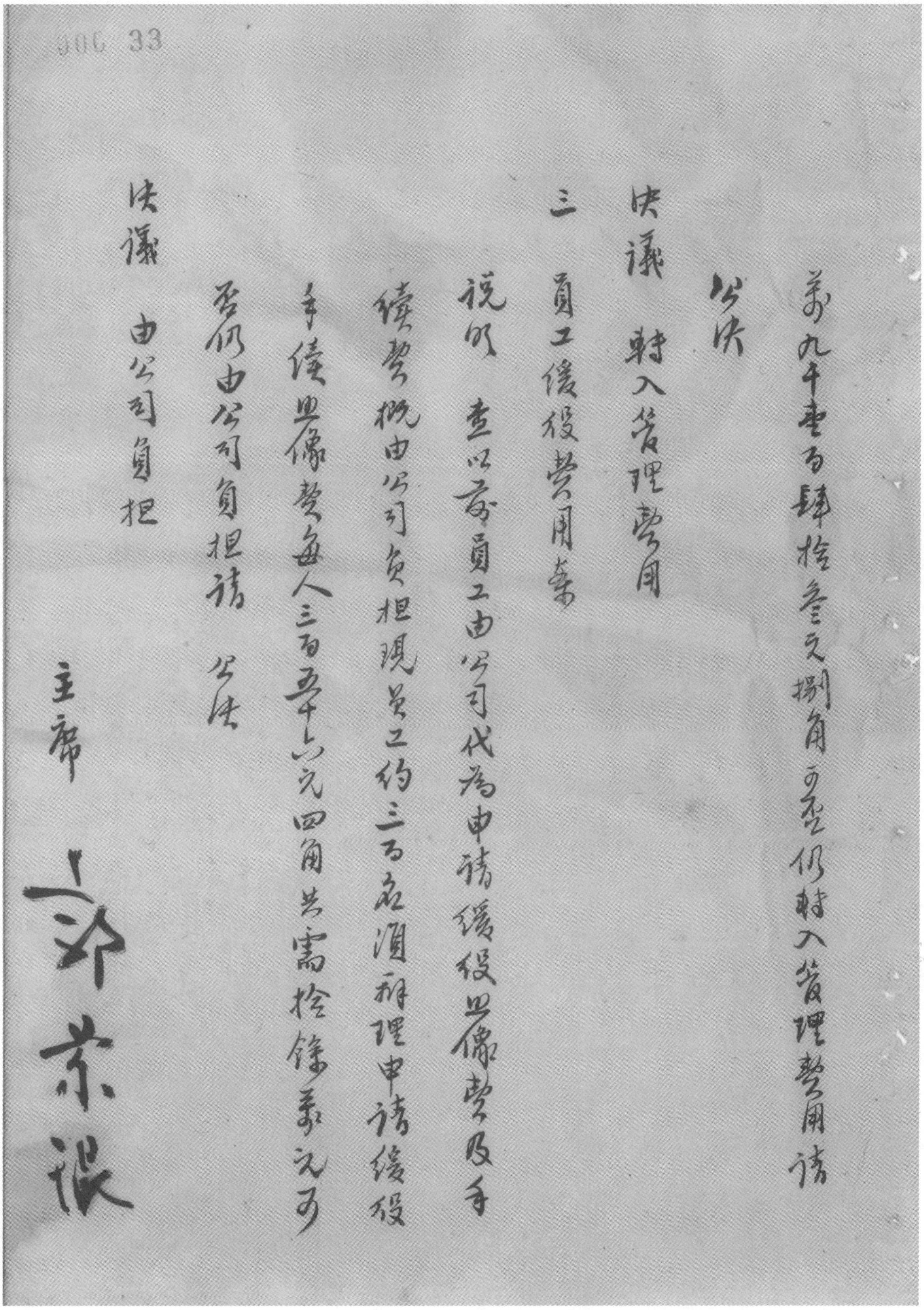

計九千壹百肆拾叁元捌角五分仍轉入管理費用請
公決
決議　轉入管理費用
三　員工緩役費用案
說明　查以前員工由公司代為申請緩役保儲費及手續費概由公司負担現員工約三百名須辦理申請緩役手續保儲費每人三百五十六元四角共需捌拾餘萬元可否仍由公司負担請　公決
決議　由公司負担
主席　[illegible]

重庆电力股份有限公司临时维持委员会第五次会议纪录（一九四四年十一月二日） 0219-2-324

重慶電力公司臨時維持委員會第五次會議紀錄

時間　三十三年十一月二日中午十二時

地點　本公司會議廳

出席　劉航琛

徐廣遲　劉叢五代

康心如　浦代

浦心雅

重庆电力股份有限公司临时维持委员会第五次会议纪录（一九四四年十一月二日） 0219-2-324

胡仲實

列席 吳總工程師錫瀛
黃科長大庸

主席 浦心雅

紀錄 張君鼎

討論事項

一 自十一月份起職工薪津依照七月份指數發給案

說明 本公司職工薪津調整辦法迭經董事會及

重庆电力股份有限公司临时维持委员会第五次会议纪录（一九四四年十一月二日） 0219-2-324

39

本會商討有案上月二十日董事會第八十三次會議
決議「七月以前欠發薪工補發中秋節借支之款月扣
還以後照該局（按指社會局）核定俟政府對本公司
補貼調整後再行補發」七月以後之薪工既經依照
各月指數補發清楚自本月份起應發薪工照七
月份指數發給是否有當敬請
討論

二、社會局令自十月份起提照原定辦法根據物價指
數實發薪俸案
說明　社會局據本公司職工代表何寬厚等之呈請

於十月三十一日训令公司稱「案據該公司職工代表何寬厚等本年十月二十日呈稱懇轉飭公司當局自本年十月份起按照原定辦法每月根據物價指數實發薪津俾維生活等情前來除批示外合行令仰遵照辦理為要」究應如何辦理請

討論

決議：以上兩案合併討論查七月以前應發之發薪指數既已遵照政府核定補發清楚所有八九十各月欠發指數准由經理部份斟酌現金頭寸分別補發以後應照董事會議定原案辦理

重庆电力股份有限公司临时维持委员会第五次会议纪录（一九四四年十一月二日） 0219-2-324

0000 40

三、調整職工出勤津貼加班津貼伙食費交通費案

說明　本公司職工出勤津貼加班津貼及伙食費交通費等係於三十二年十一月份修訂嗣於三十三年五月份重行修訂董事會原定每半年調整一次現於十一月已滿半年事實上用膳乘車皆已漲價甚多應請依照原規定照指數增漲情形比例核算重行修訂查上次修訂時係根據三十二年三月份指數（二七九八九五）為標準現九月份指數為四九一三四五，計增加二一一四五五，約增加百分之七五、六，依照上列數字比例核算各項出勤津貼加班津貼及伙食費交通費等是否有當敬候

重庆电力股份有限公司临时维持委员会第五次会议纪录（一九四四年十一月二日） 0219-2-324

公決

決議：既係按照董事會議定原案辦理應准照辦

主席 浦心雅

重庆电力股份有限公司临时维持委员会第六次会议纪录（一九四四年十二月十四日） 0219-2-324

重慶電力公司臨時維持委員會第六次會議紀錄

時間 三十三年十二月十四日下午二時

地點 本公司會議廳

出席 劉航琛
康心如 浦代
浦心雅
徐廣遲 劉毅五代

重庆电力股份有限公司临时维持委员会第六次会议纪录（一九四四年十二月十四日） 0219-2-324

列席 程协理本臧

主席 吴总工程师锡瀛

纪录 浦心雅 张君鼎

讨论事项

一、本公司发电厂管理股值班规则案

决议：通过

二、电力厂产业工会请提高技工待遇案

说明 电力厂产业工会以战前技工待遇高于职员

目前职员待遇高于技工又技工与帮工待遇相同表

重庆电力股份有限公司临时维持委员会第六次会议纪录（一九四四年十二月十四日） 0219-2-324

45

失競爭心理，函請公司提高技工待遇，應如何辦理

敬請　討論

決議：照擬出規定辦法辦理，俟董事會調整

三、電力廠產業工會請籌組從軍優待委員會案

說明　電力廠產業工會函稱：公司員工響應從軍運動者不乏其人，於個人、公司、國家爭光，應籌組從軍優待委員會，熱烈鼓勵，以配合兵役行政，究應如何辦理，敬請　討論

四、學徒衛連根從軍應否給予補助費案

說明　第三廠學徒衛連根於十月十一日離廠投効

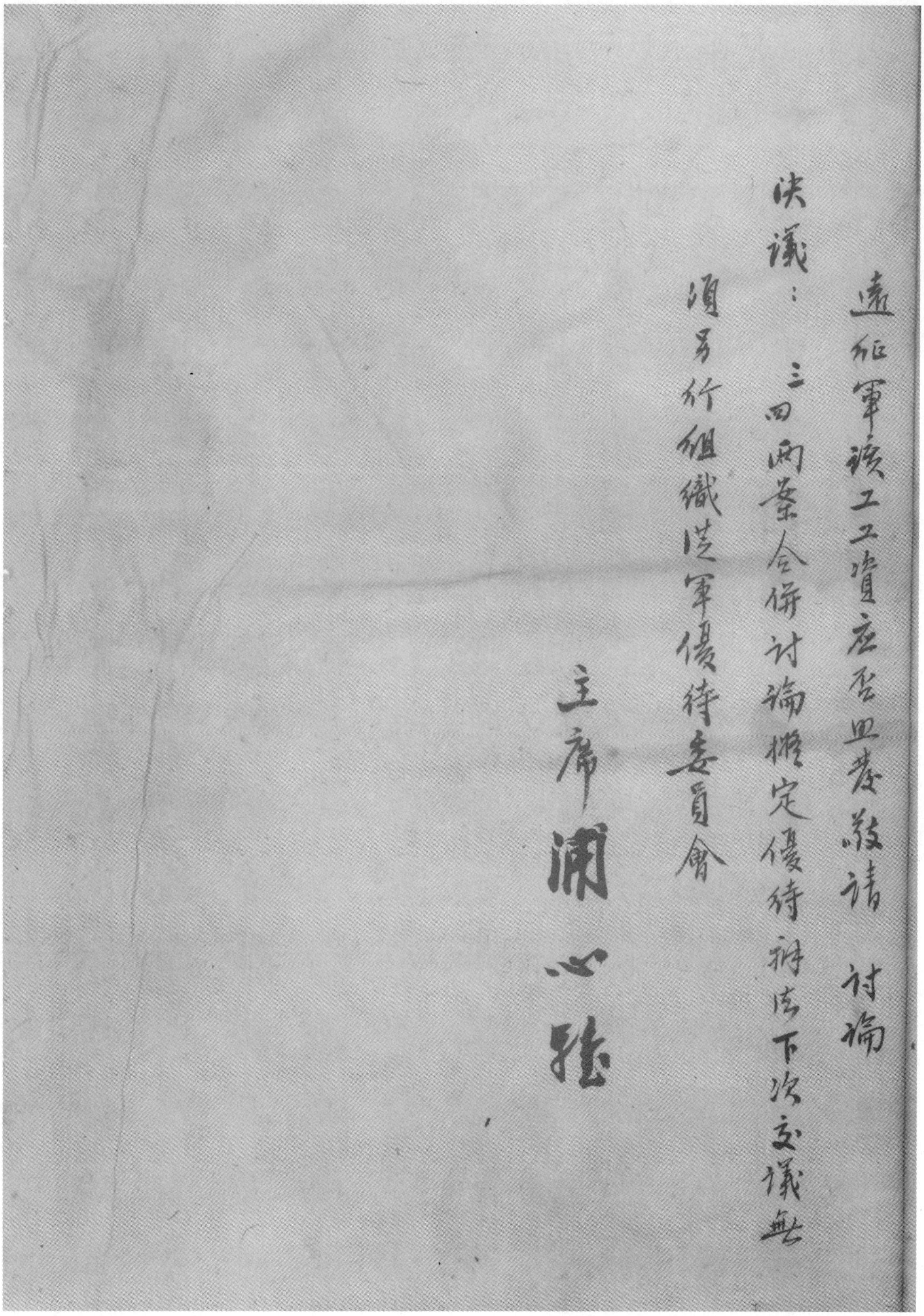

遠征軍請工工資應否照發敬請 討論

決議：

三四兩案合併討論擬定優待辦法下次交議無須另行組織從軍優待委員會

主席 浦心雅

重庆电力股份有限公司临时维持委员会第六次会议纪录（一九四四年十二月十四日） 0219-2-324

重庆电力股份有限公司临时维持委员会第七次会议纪录（一九四四年十二月二十八日） 0219-2-324

46

重慶電力公司臨時維持委員會第七次會議紀錄

時間 三十三年十二月二十八日下午二時

地點 本公司會議廳

出席 劉航琛 潘昌猷 徐廣遲 劉毅之代 浦心雅

重庆电力股份有限公司临时维持委员会第七次会议纪录（一九四四年十二月二十八日） 0219-2-324

列席：程協理本誠 吳總工程師錫瀛

主席：浦心雅

紀錄：張君鼎

討論事項

一、本公司各發電廠負荷均重擬請分區輪流停電案

說明 第一三兩廠機爐不勝負荷為維持機爐安全起見擬定分區輪流停電辦法分呈各主管機關請予核准尚未得復不得已自本月二十一日起暫照實行是否有當敬請

討論

重庆电力股份有限公司临时维持委员会第七次会议纪录（一九四四年十二月二十八日） 0219-2-324

決議：通過報董事會

二、三十三年度員工獎金貸金案

說明：以往每年終了之時公司給予職工二月薪津之獎金遇有盈餘之年另給紅酬去年改獎金為貸金另發薪工兩月之獎金以示酬勞本年度應否照發敬請討論

決議：查照上年成案辦理並報董事會

三、本年度員工考績案

說明：本年度員工考績事宜曾印發員工考績表以期格外覈實祇以各部主管迄未填報以致尚未核辦現

已將屆年終即使趕辦至快亦須明年一月間方能辦起
是已至下一年度且須逐月補發為數未必多而手續相
當麻煩擬即併入下一年度一併辦理是否有當敬請
討論
決議：併入明年度一併辦理
四、工友鄭銀洲請給補助費案
說明　供電組工友鄭銀洲於去年八月在兩路口接高壓
電嵌燃碰電受傷雖經治癒旋又復發簽請退休另謀別
業經總務科核簽「查與職工卹養規則不合未便核議但
該工已在公司服務七年以上不無微勞今因舊傷不能繼

重庆电力股份有限公司临时维持委员会第七次会议纪录（一九四四年十二月二十八日） 0219-2-324

48

續工作情實可憫擬請准予酌給補助費以示體卹應

否補助敬請

討論

決議：准予退休另行特給補助費五萬元以示體卹

五、清算自來水公司欠費案

說明　自來水公司欠費一案曾於本年九月八日提請本

會第三次會議討論在案茲接潘昌猷先生函略謂在

「四月一日以前應照政府規定每度二元七角計算四月至九月

底每度應照五元計算十月份起照政府規定價格每度十

一元八角計算」應如何辦理敬請

重庆电力股份有限公司临时维持委员会第七次会议纪录（一九四四年十二月二十八日） 0219-2-324

討論

決議：仍照三十三年九月八日本會第三次會議決議「推康劉潘三委員洽商解決辦法」辦理

主席 浦心雅

重庆电力股份有限公司临时维持委员会第八次会议纪录（一九四五年二月一日） 0219-2-324

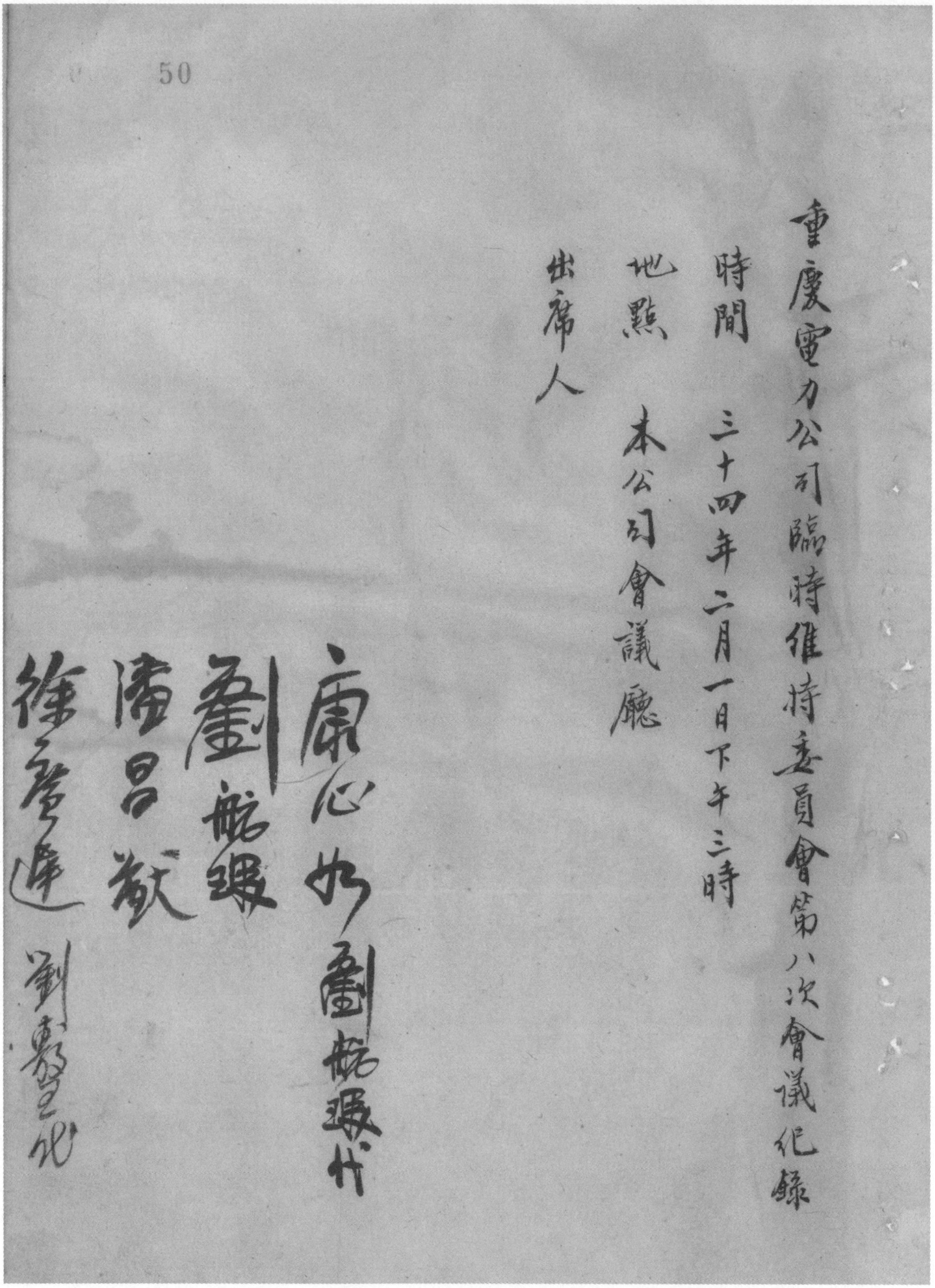

50

重慶電力公司臨時維持委員會第八次會議紀錄

時間 三十四年二月一日下午三時

地點 本公司會議廳

出席人

康心如 劉航琛代

劉航琛

潘昌猷

徐廣遲 劉[illegible]代

重庆电力股份有限公司临时维持委员会第八次会议纪录（一九四五年二月一日）　0219-2-324

列席　程協理本藏
主席　劉航琛
紀錄　張君鼎

討論事項

一、清算自來水公司欠費案

說明　自來水公司欠費一案曾於三十三年九月八日及同年十二月二十八日提交本會討論在案查本公司電力價於三十二年七月一日起每度為五元另加煤價調整費計三十二年十二月每度加調整費二角三十三年一月每度加四角五分三月每度加四元一角五月每度

重庆电力股份有限公司临时维持委员会第八次会议纪录（一九四五年二月一日） 0219-2-324

51

加四元二角，六月每度加六元零五分，七月每度加六元一角，十月每度加六元八角五分，十一月每度加八元零五分，另每度應附加電費二角。而自來水公司要求在三十三年四月一日以前應照政府規定每度二元七角計算，四月至九月每度應照五元計算，十月份起照政府規定價格十一元八角計算，究應如何辦理，敬請討論。

決議　三十三年四月一日以前每度照二元七角計算，三十三年四月一日起至九月底止每度照七元計算，概不另收煤價調整費及附加電費，三十三年十月一日起電價煤價調整

費及附加概照兵工用電一例計算

主席 劉航琛

重庆电力股份有限公司业务会报纪录（一九四四年一月四日） 0219-1-13

41

三十三年一月四日業務會報

浦總經理　程協理　易副科長　余副科長

刘副科長　谢主任　劉主任南宾　楊主任

曹科長　張科長　陶副科長　劉主任沙宾

盛主任　吴科長

主席　浦心雅

一、機器所用紅車油透平油汽缸油馬達油等應由總務科注意儲存以免缺乏影响發電

一、總務科會商工務科擬訂工資晉級表呈來工友考績即依此標準考核以免漫無限制

一、聘請第一、二工廠稽查組組長薛克剛為本公司顧問

重慶電力公司業務會報紀錄

時間　三十三年三月十三日下午一時

地點　本公司會議廳

出席　程協理　吴總工程師　劉希孟　夏賦初

余克稷　劉靜之　楊新民　劉佩雄

盛澤閶　劉澤民　宋達金　陳景鼠

秦亞雄　吴克斌　陶丕顯　黄大庸

劉伊凡

主席　程協理

紀錄　張昌影

重庆电力股份有限公司业务会报纪录（一九四四年三月十三日） 0219-2-86

會報事項

一、接電費原為五十元擬改為三百元案

決議 通過

二、處理打銷劣煤二百六十噸案

決議 由總務稽核兩科於本週擬定辦法呈核

三、南岸辦事處工人宿舍購價八十萬元十四日正午立約成交

四、龍門浩各學校用電已告解決其餘各校繼續辦理中

五、縮短抄表製票收費時間案

決議 第一日抄表第二三日製票第四五日審核第六七日收費製出票據逐日送審逐日審查不得積壓如有特殊原因加以記載以明責任

重庆电力股份有限公司业务会报纪录（一九四四年三月十三日） 0219-2-86

4

六 去前两年職工考績案

決議 定本月底以前將該績表填明交經理室

七 第三級自採取每七日輪流停電後負荷仍重應如何辦理案

決議 改每五日輪流停電一次由工務科擬定办法呈核

八 購置股須支款七百餘萬元案

決議 由購置股向會計科速為對賬清結

九 購置股無法購買之材料應如何辦理案

決議 在規定日期内不能購到者應由購置股即通知請領部份

十 煤船到岸時由用煤部份派員查看煤質案

決議 通過如煤質欠佳拒絕起卸

十一 職工用電其未裝表者速為查明以便設法裝置案

決議 通過

十二 出國實習人員起程之日應由主管部份通知人事股登記案

決議 通過

完

重庆电力股份有限公司第十五次业务会报纪录（一九四四年五月十六日） 0219-2-122

40

發文電字第 1060 號

重慶電力公司第十五次業務會報

時間：三十三年五月十六日下午四時

地點：總公司會議廳

出席：浦心雅 程本臧 吳錫瀛 易宗揆

宋達丞 張進人 余克稷 黃大庸

吳克斌 陶丕顯 夏賦初 王道平

謝用剛 劉希孟 盛澤蘭 劉佩雄

楊新民 劉澤民

主席：浦心雅

會報事項：

一、電表已提出(部份應如何處理案

(決定辦法)已提出者交業務科分批校驗，驗畢仍送交材料庫保存

隨用隨領

二、警察局函以火警時電流不斷有礙救火工作及人員安全定 月

重庆电力股份有限公司第十五次业务会报纪录（一九四四年五月十六日） 0219-2-122

日召集有關方面開會商討改善稽查案

（決定辦法）原函送工務科届時派員出席

三、第一廠每日下午六時至十時間負荷過重應如何調整案

（決定辦法）1. 凡屬第一廠供電區域內（即「城區」「新市區」及「江北」三區）之工廠除兵工及需二十四小時繼續工作者應請提早上工每日下午六時前停工呈請市府登報公告并協助本公司檢查組每晚派員檢查如在下午六時以後尚在使用電力者一經查出照經濟部頒佈辦法予以懲處

2. 呈請主管機關將每安培準用十度減為七度超過七度者不但其超過度數須加倍收費連準用之七度一併加倍計算

3. 呈請主管機關嚴禁電爐之使用及售賣一經查出即

重庆电力股份有限公司第十五次业务会报纪录（一九四四年五月十六日） 0219-2-122

41

予送收

四、材料處理規則案

（決定辦法）由關係科室會商總經理核定施行

五、本公司增資案

（決定辦法）電請經濟部迅賜核定後再行依法辦理

六、頭寸不够需錢可分兩次徵收電費案

（決定辦法）先就大用戶試辦以月付電費十萬元以上者爲標準

七、本公司三十三年度考績案

（決定辦法）仍請各單位主管人速將表類詳實填明嚴封密送總經理親自計分核定絶對保守嚴密

八、本公司各部門工作應如何調整改進案

（決定辦法）1.各科股處工作在橫的方面應密切聯系，交科與該
科事項應限期辦竣，由各單位主管人負其責任
2.工務業務兩科尤應通力合作，線路方面應如何調整及
嗣後如何聯系，由總工程師負責調度

九、材料清查案

（決定辦法）由總經理指派人員澈底清查

十、員工福利案

（決定辦法）1.總經理在公司高級人員中指調一人專任福利社社長
一經指定不得辭謝推諉
2.先就福利委員會規則所定各項逐步舉辦，其已舉
辦者應即由福利社接管

重庆电力股份有限公司第十六次业务会报纪录（一九四四年五月二十三日） 0219-2-86

49

33 發文電字第 1095 號

重慶電力公司第十六次業務會報

時間 三十三年五月二十三日下午三時

地點 總公司會議廳

出席 浦心雅 程本臧 吳錫瀛 黃大庸 劉靜之
張珩 陶丕顯 易宗樸 宗達全 劉伊凡
吳克斌 余克稷 董毓庚 吳斌初 王道平
謝用剛 劉希孟 盛澤闓 劉澤民 劉佩雄
楊新民

主席 總經理浦心雅

會報事項

一、化龍橋電化冶煉廠自備之二〇〇KVA變壓器一座，因該廠停工，閒擱在基泰口附近用戶借該廠變壓器接電者不少，公司應在該處另裝變壓器一座，冶鍊廠仍須用電燈時，是

重庆电力股份有限公司第十六次业务会报纪录（一九四四年五月二十三日） 0219-2-86

各廠向冶鍊廠及其他用戶徵收補助費案
（決定辦法）一概不收補助費
二、本公司營業章程案
（決定辦法）總協理核閱後即提請董事會審查再呈部存
備案并油印分發各單位
三、中央電工器材廠黃桷埡幹線補助費延未交付現中央
銀行在該處亦須用電本公司幹線即須改裝擴大即乘
此案付補助費以資清結案
（決定辦法）照辦
四、三十兵工廠請裝高壓器及電表案
（決定辦法）工務科江北辦事處洽辦
五、單委會技術研究室之高壓器因無避雷裝置致在前次

重庆电力股份有限公司第十六次业务会报纪录（一九四四年五月二十三日） 0219-2-86

50

33

雷雨時燒毀未為要求裝置避雷器以維安全究應如何辦理案

（決定辦法）此種設備國內不能製造已向英打府一併辦到即為裝置

六、侍從室黄山警衛損毀電桿三根案

（決定辦法）已呈軍委會辦公廳請予查辦

七、本公司領用物品限制辦法前經油印分送各單位請簽註意見俾照修正呈核公佈實施案

（決定辦法）各單位無意見呈核後即公佈實行

八、本公司員工对於合作社之辦理情形有欠明瞭今後應如何改善案

（决定办法）1. 请总经理指派人员澈查以往办理情形
奉批：稽查股澈查
2. 加派或交调人员办理食米之领发事宜
（奉批：福利委员会办）
3. 仿照验收材料办法由每单位指定数人轮
流参加验收
（奉批：通知各单位推定报）
4. 米票由总务股发放薪饷时补发
（奉批：可）
5. 所有食米进出帐目应速分月公布以昭大信
（奉批：照办）
6. 加强并改善福利社组织并请总经理迅派
专人负责主持员工食米之代购分配诸事
应为福利社改组后之中心工作

重庆电力股份有限公司第十六次业务会报纪录（一九四四年五月二十三日） 0219-2-86

重庆电力股份有限公司第十七次业务会报纪录（一九四四年五月三十日） 0219-2-86

44

重慶電力公司第十七次業務會報

時間 卅三年五月卅日下午三時

地點 總公司會議室

出席 浦心雅 程本臧 吳錫瀛 黃大庸 劉靜之
張玠 陶丕顯 易宗模 宋達全 吳克斌
余克稷 董毓庚 聶斌新 王道平 謝用剛
劉希孟 盛澤國 劉澤民 劉佩雄 楊新武

主席 總經理浦心雅

會報事項

1184

一、關於石米須量站量不符一案除已由稽核股澈查
中水站查未到大溪溝之廿担係在江北下船時由員工
領取有帳可查未經報現據若控告主第一廠之友一方
伴君已陳請檢舉原案以往未曾正在整理中
備
決議辦法
此後合作社之管理福利社已指派專人負責即妥擬
辦法經本股選稽核科仍應將檢查結果具報如舞
弊端此次[illegible]若證告所涉近者之會亦應負責
檢[illegible]查
二、江北[illegible]係向植物油料廠租用院該廠
要求收回自用究[illegible]如何辦理案
決議辦法
如有適合房屋或地皮可以購買俾可一勞永逸
由江北處就近留意
三、駐渝美大使館請裝電燈案

重庆电力股份有限公司第十七次业务会报纪录（一九四四年五月三十日） 0219-2-86

45

决定办法
業務科迅照規定办理具報并函請秉峯先生解說

四、窃電者准其裝表恐易[illegible]而檢查組員工可得獎
金別部份員工無甚[illegible]根據似可以平衡[illegible]

决定办法
為國家利益計窃電者祇有准其裝表否則無法補
清應列舉理由請總經理核准至窃電灯用戶至檢查組
員工之獎金因是項職務為一般人所不願為且工作
不分晝夜至為勞苦應付窃戶尚須不為所動獎

金公庫有限仍應維持原辦法

五、本公司前向交行抵押之銅綫三萬呎之餘方亟需用在即請即備款提出案

決定辦法

由之餘料將亟需數通知會計科備款提出並得分期辦理以後此類事件關係材料應隨時洽商進行並與主機

六、材料處理規則案

決定辦法

即印發各級單位照辦每單位各發三份

七、綫料領用後數量常有不符應如何改善案

決定辦法

今後發領綫料除照磅外尚須量以呎度以便計核

八、本公司人員進貨常不銜接應如何改善案

兼利驗收

決定辦法

重庆电力股份有限公司第十八次业务会报纪录（一九四四年六月六日） 0219-2-86

41

重慶電力公司第十八次業務會報

時間：卅三年六月六日下午三時

地點：總公司會議廳

出席：浦心雅 程本臧 吳錫瀛 黃大庸 劉靜之
張軼 陶五顯 易宗模 史遂金 劉伊凡
吳克斌 李克澤 董錫庚 謝用剛 劉希孟
盛隆圃 劉偉民 劉佩雄 楊新民 陳其嵐
康誠初 王道平

主席：總經理浦心雅

會報事項

一、整理線路除已由總公司工程師室之業務科各派一員會同辦理外，因竊用電流者甚多，擬請用電檢查組派員協同辦理

已登記

中華民國卅三年六月拾六日 收文電字第 1273 號

决定办法
(1)如发觉有窃用电流者即通知用电检查组取缔
(2)调整线路所需材料应由公司负担不向用户收补助费
(二)领料单以后均请盖章或签字以资识别案
决定办法
通知各单位应办不得单签姓，传票与领物单上同样办理
(三)材料处理规则案
决定办法
速印发各单位
(四)江北办事处新旧主管人已交接请将福利社事拟先通盘计划呈经核定后即予逐步推行案

重庆电力股份有限公司第十八次业务会报纪录（一九四四年六月六日） 0219-2-86

42

决定办法
照办
(五)本公司及所属各厰處壮丁调查案
决定办法
總務科陈述研究办法依法申请
(六)攤派鄉鎮公益儲蓄案
决定办法
同盟勝利公債係以機關為对象方由公司負責[illegible]
繳鄉鎮公益儲蓄係以個人為对象應由個人自理
保甲不能責成公司機關以無業而必要此類事
各單位主要社共詳加解釋商請依法按戶勸繳
(七)第二補訓處来厰所裝電表現須撤去後不允將裝
贖還惟已繳有押金完社如何辦理案

決定辦法：

現已派員調查中，俟調查報告送到，如確係該處不允送還，再備函與施商交涉，照規定辦理。

（八）接戶材料補助費應定每月調整一次，現有半年未加調整，市價與公司議價相差懸殊，今後如何改善案

決定辦法：

（1）應即清查存料，以便適當補充。

（2）每月應先將市價調查清楚，並按月調整。

（3）商請各電料行商按月報價。

（4）公司定價應比市價略低。

（九）第三電廠衛兵因燃煤與小工發生衝突事，已告解決，實除上衛兵給資遣去，另召一律撤回案

重庆电力股份有限公司第十八次业务会报纪录（一九四四年六月六日） 0219-2-86

43

决定办法

（五）請衛戍司令部於下次換防時即將駐廠衛兵撤回以後各廠警衛事宜完全改僱警士負責如有必要臨時僱請憲兵維持

（六）竟改單據與電表應依限制不許過戶實則暗中過戶者殊多以致新戶既不用電復不享受舊戶優待現限制用電既經放寬與撤限制辦法似不應止俾普通用戶不能再向特權不增益公司收入

决定办法

照案办理

（七）最近發現各單位之友或公役有假名冒領之銅情

本厰如何妨止案

决定办法

現已拟定制止办法並定负责人切实负责办理

（三）人事及機構調整案

决定办法

請總工程師商同協理先拟初步計劃再行會商

重庆电力股份有限公司第十九次业务会报纪录（一九四四年六月十三日） 0219-2-86

38

重慶電力公司第十九次業務會報

已登記

33

發文電字第1305號

中華民國卅三年六月廿[illegible]日發出

時間 卅三年六月十三日下午三時

地點 總公司會議廳

出席 浦心雅 程本臧 吳錫瀛 黄大庸 劉靜之
張玠 陶丕顕 易宗樸 宋達金 吳克斌
余克稷 夏賦初 王道平 劉希孟 盛澤闓
劉澤民 劉佩雄 楊新民 陳景嵐

主席 總經理浦心雅

會報事項

一、保证書應请各单位依限填送案

（決定办法）

1.員工均須依照規定覓保并依限填送保証書惟各部份主管
經總協理特許免保者不在此限
2.工友保証書多存各單位應一律彙送人事股

二.福利社已着手籌組中擬具通盤計劃案
(決定办法)按照法令規定分别趕办計劃逕呈總協理核定施行
并先商同社會局办理

三.取締"不合規則之馬達裝置"及调整变压器案
(決定办法)
1.舊户緩办嗣後新電力用户之裝置必須依照本公司營業章
程之規定方予接電
2.電灯用户设用变压器暂緩取締電力用户由用電檢查組檢
查取締

四.各單位權用厨役案
(決定办法)

重庆电力股份有限公司第十九次业务会报纪录（一九四四年六月十三日） 0219-2-86

39

1. 各單位每一办公地点以僱用厨役兩名為原則（一層職員部份
一層工友部份）
2. 厨役待遇比照茶房并亟称厨役不再襲称小工等名義
3. 各單位即將厨役姓名報由總務科入册登記嗣班亦同（凡有更換并
應隨时通知總務科）惟仍由各單位管理
五、各廠玻璃管均感缺乏英貨不易購買國貨耐久性甚弱对於發電影
响甚大应如何救济案
（决定办法）
1. 本公司前向益達廠訂定玻璃管因因鍋炉損毁未能如期交貨
应由原洽定人進行交涉并隨时将结果通知各廠
2. 请程協理與工鑛调整處洽購

3.函駐加尔各答代表龔其麟代購運渝

4.迳呈市府及经济部説明关係重要請予设法代購以清責任

六.江北區銅线中央銀行催装甚急应如何办理案

(决定办法)

1.由江北办事處逕與總務会计兩科洽办

2.令後此類事項應由各单位切取横的联系随时商洽办理俾赴事机毋庸提出会報

七.中央銀行變压器以外货油不易購買堅請仍用國產植物油可否照办案

(决定办法)請中行用書面通知以凭以後如發生燒毀情事本公司不負責任

八.五十兵工廠近来電力甚弱经查發现其高压线曾陷入泥淖十餘日令後应如何改善案

(决定办法)由公司經常派員檢查随时修理

重庆电力股份有限公司第十九次业务会报纪录（一九四四年六月十三日） 0219-2-86

40

九、第一第三电厂电费附加已超收七十余万元，是否仍应续收案

（决定办法）公司赔累日甚，此项工程将来并须拆迁，暂仍照收

十、本公司工友前因随同军警检查节约用电，曾为江北罗姓军官（防空部）拘留，今后应如何改善案

（决定办法）应由业务科查明经过及真象，依法呈请政府办理

十一、业务科派往沙坪坝信差汽车费稽核科否准报销，应如何办理案

（决定办法）

1.今后小件及次要文件，一律改用邮寄

2.各单位应送文件，无论远近，一律送由总务科汇寄或汇送

3.信差茶房等工役一律改隶总务科

4.各类文件应否邮寄或专差送递及汇送之技术问题由总务科

速拟妥善办法执行

十二、缴收变压器補助费案

（决定办法）

1. 凡非电力用户一律缴收百分之七十之補助费

2. 收费標準由总务科按月平均计算并通知业务科

3. 本案并另正式通知各单位

十三、缴收幹线補助费案

（决定办法）

1. 除电力部份照收外电灯部份凡属五安培以上者亦照收幹线補助费

2. 本案并前条由主管部份详加修正補列入营業章程

十四、工友发薪凭证请明白規定案

（决定办法）工友发薪暂以一律缴验身份证为原则，如无身份证者即以调查表为核发凭证（本月份上期工资在调查表未送齐前姑准以五人联名证明经主管核发之凭单核发）

重庆电力股份有限公司第二十次业务会报纪录（一九四四年六月二十日） 0219-2-86

重慶電力公司第廿次業務會報

時间 卅三年六月二十日上午九時

地點 總公司會議廳

出席 浦心雅 程本臧 吳錫瀛 張玠 陶鼎頤
易宗模 宋達金 刘伊凡 吳克斌 金先穫
楊新民 聶斌 王道平 謝用剛 劉希立
盛澤閩 刘澤民 刘佩雄 陳景嵐

主席 總經理浦心雅

會報事項

一、請領材料應嚴密制案

決定辦法

重庆电力股份有限公司第二十次业务会报纪录（一九四四年六月二十日）　0219-2-86

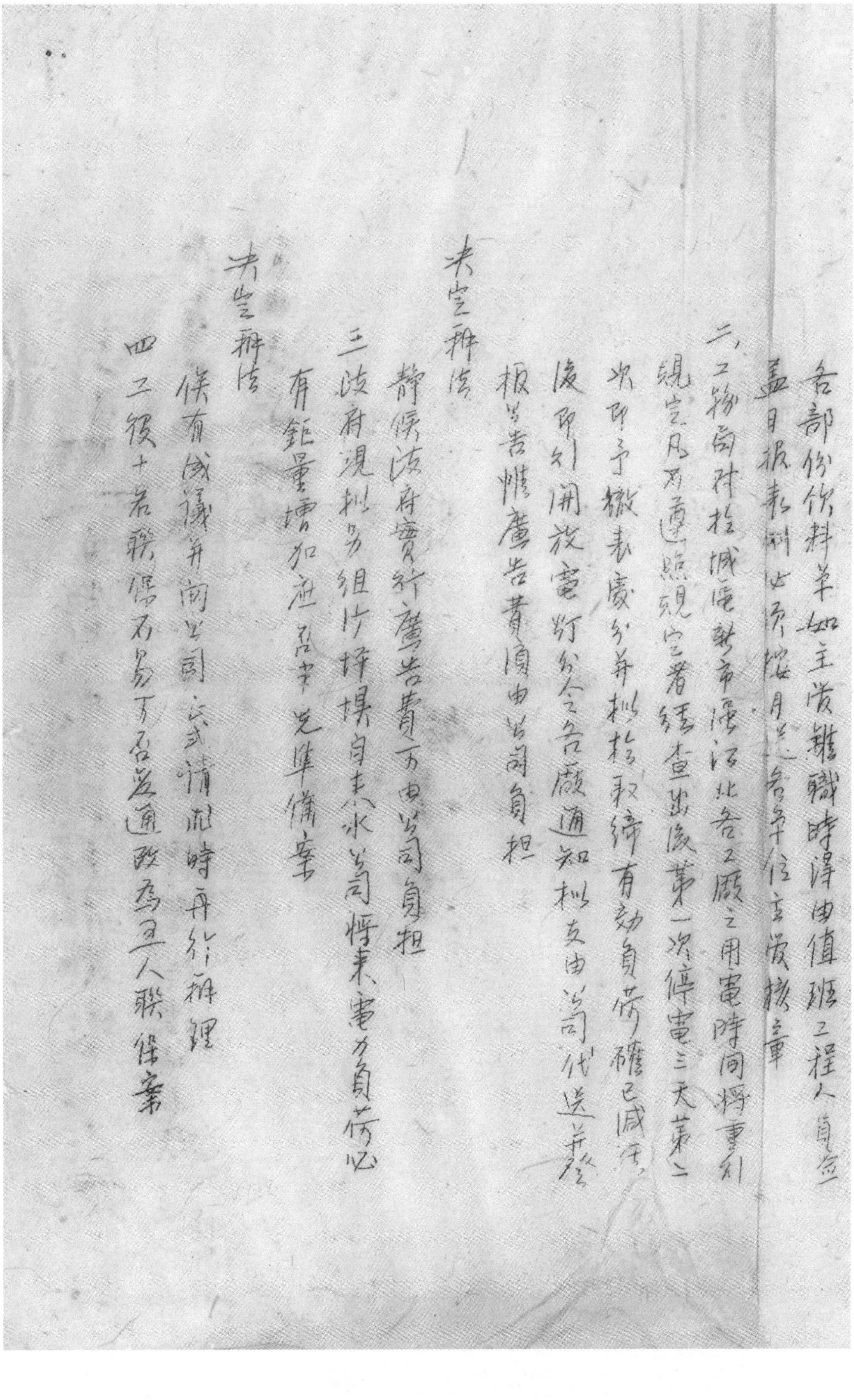

各部份材料單如主管離職時得由值班工程人員簽
蓋日報表則由負責按月送各單位主管核章
二、工務處對於城區新市區江北各工廠之用電時間將重新
規定凡不遵照規定者經查出後第一次停電三天第二
次即予撤表處分並擬於取締有效負荷確已減低
後即行開放電燈分令各廠通知擬支由公司代送並登
報公告惟廣告費須由公司負擔
決定辦法
靜候政府實行廣告費方由公司負擔
三、政府現擬另組川捍填自來水公司將來電力負荷必
有鉅量增加應及早先籌準備案
決定辦法
俟有成議並向公司正式請求時再行辦理
四、工役十名聯保不易可否變通改為五人聯保案

重庆电力股份有限公司第二十一次业务会报纪录（一九四四年六月二十七日） 0219-2-122

董兄閱 七月七日

重慶電力公司第二十一次業務會報

時間：三十三年六月二十七日

地點：總公司會議廳

出席：程本臧 吳錫瀛 姜賦初 劉靜之 張玠

宋達奎 易宗樸 余克稷 陶丕顯 劉伊凡

盛聿周 劉佩雄 劉希平 凍景嵐

主席：程協理本臧

會報事項

一 發放工資前經規定憑身份證及職員表發給有無困難應再加檢討案

〈決定辦法〉

1. 以後發放工資務須將職員表隨同帶往發領地點以免無身份證者不能領餉

卅三年七月七日 收文 總字第 號

2. 若被工资者如有违反出勤办法除予以开除外，人代会准备单或派勤单照发专项单据应由总务科速制发各单位

3. 今后所动员工应发给服务证一种，由总务科与福利社会办

4. 此次查获窃电户应核对调查表及照片按名照发

（决定办法）

二、为用户电表近多损坏如何修理案

由该表主先行整理再与中央工业试验所及重庆大学附属工厂接洽代修

三、海棠溪一带高压线断落于低压线上致损坏电表不少应即整理案

六、临时动议

重庆电力股份有限公司第二十一次业务会报纪录（一九四四年六月二十七日） 0219-2-122

27

（決定移送）

所有供電綫路均應澈底檢查整理以策安全

四、接戶綫久未整理絕緣多損，因公司材料不齊或有散置各處

續用，至難收獲整理工作，應如何改善案

（決定移送）

1、業務科應將所請購之接戶材料因市上無貨

或存貨而適公司運輸不靈未能購齊，應再由業務科

咨總務處補充材料單與購委會及購置股提前辦理

2、材料應將庫存表按月抄送總工程師存查

~~戶庫材料本不齊整，分類存放難查出事實，集~~

中一處隨時注意，務使齊全，由總工程師隨時查驗

負責者仍照舊辦理為要

五、材料管理規則已公佈，應切實實施案

（決定移送）

該規則所附各表單應暫照舊表各單位照資應用

重庆电力股份有限公司第二十二次业务会报纪录（一九四四年七月四日） 0219-2-86

33

33 發文電字第1444號
中華民國卅三年七月六日發出

重慶電力公司第廿二次會報

時間 卅三年七月四日下午三時

地點 總公司會議廳

出席 程本臧 吳錫瀛 劉靜之 張玠 黃大庸
陶丕顯 夏賦彬 宋達全 余克稷 劉伊凡
劉佩雄 劉澤民 易宗樸 盛澤園 劉希孟
陳景嵐 楊新民

主席 程協理本臧

會報事項

一、存昆水泵請迅設法運渝濟用案

（決定辦法） 分別電請工礦調整處西南區辦事處及
中央電工器材廠從速運渝

重庆电力股份有限公司第二十二次业务会报纪录（一九四四年七月四日） 0219-2-86

二、第三廠呰沙辦處傳達每日進城支領飯費案

（決定辦法）1、第三廠與沙辦處離總公司較遠，每日往返廠處與公司間之傳達准自下月起月支飯費津貼，由總務科擬定呈核，本月内仍照舊辦理，他處傳達並不得援例。

2、第三廠呰沙辦處各僱用傳達一名，仍由總務科管理。

三、辦公時間案

（決定辦法）去年夏季辦公時間午膳後休息四小時，至爲不便，本年擬仿照銀行辦法，每日上午八時起至下午四時止，各廠辦公時間則不變動。

重庆电力股份有限公司第二十三次业务会报纪录（一九四四年七月十一日） 0219-2-86

[illegible]

重慶電力公司第廿三次業務會報

時間 卅三年七月十一日下午三時

地點 總公司會議廳

出席 程本臧 張玠 黄大庸 陶玉顯 夏斌衫 宋達全 余克稷 刘伊凡 刘佩雄 刘澤民 易宗模 刘希孟 陳景凱 楊新民

主席 程總理本臧

會報事項

一、江北辦事處房屋案

決定辦法 由總務科會同陳主任景凱速與鐵工廠

33 收文電字第 1495 號

中華民國卅三年七月拾五日收到

重庆电力股份有限公司第二十三次业务会报纪录（一九四四年七月十一日） 0219-2-86

二、南岸黃桷埡新市場放綫案

決定辦法 俟各用戶經市政府核准後再辦

三、材料處理規則第九條擬請改爲「各部份需用材料時須填領料單註明用途經各部主管核准憑單向庫房領取庫房須按日作成日報表次晨送各部主管核簽後送總工程師總協理核閱蓋章後送會計科做賬」是否有當請予決定案

決定辦法

原規則第九條凡各單位領取材料規定應送總協理或總工程師核准始能照發據各單位主管人意見謂以地域窵遠如每項物料均須先送總公司核定不但往返需時且轉有耽延貽誤本條所擬修正條文似切需要且更可加重各單位主管人之職責擬予照准報會

37

四、本公司與用戶如因電錶快慢問題發生爭議時應如何辦理案

決定辦法

1、電錶以公司自行校驗為原則

2、萬一發生爭執時可由公司會同用戶送請中央工業試驗所覆校，惟費用應由用戶負擔並應事先給付

五、總公司定期放映巡迴電影案

決定辦法

1、總公司及各單位放映日期已擬定，應分別通知

2、放映隊人員由各單位招待晚飯宿處

重庆电力股份有限公司第二十四次业务会报纪录（一九四四年七月十八日） 0219-2-86

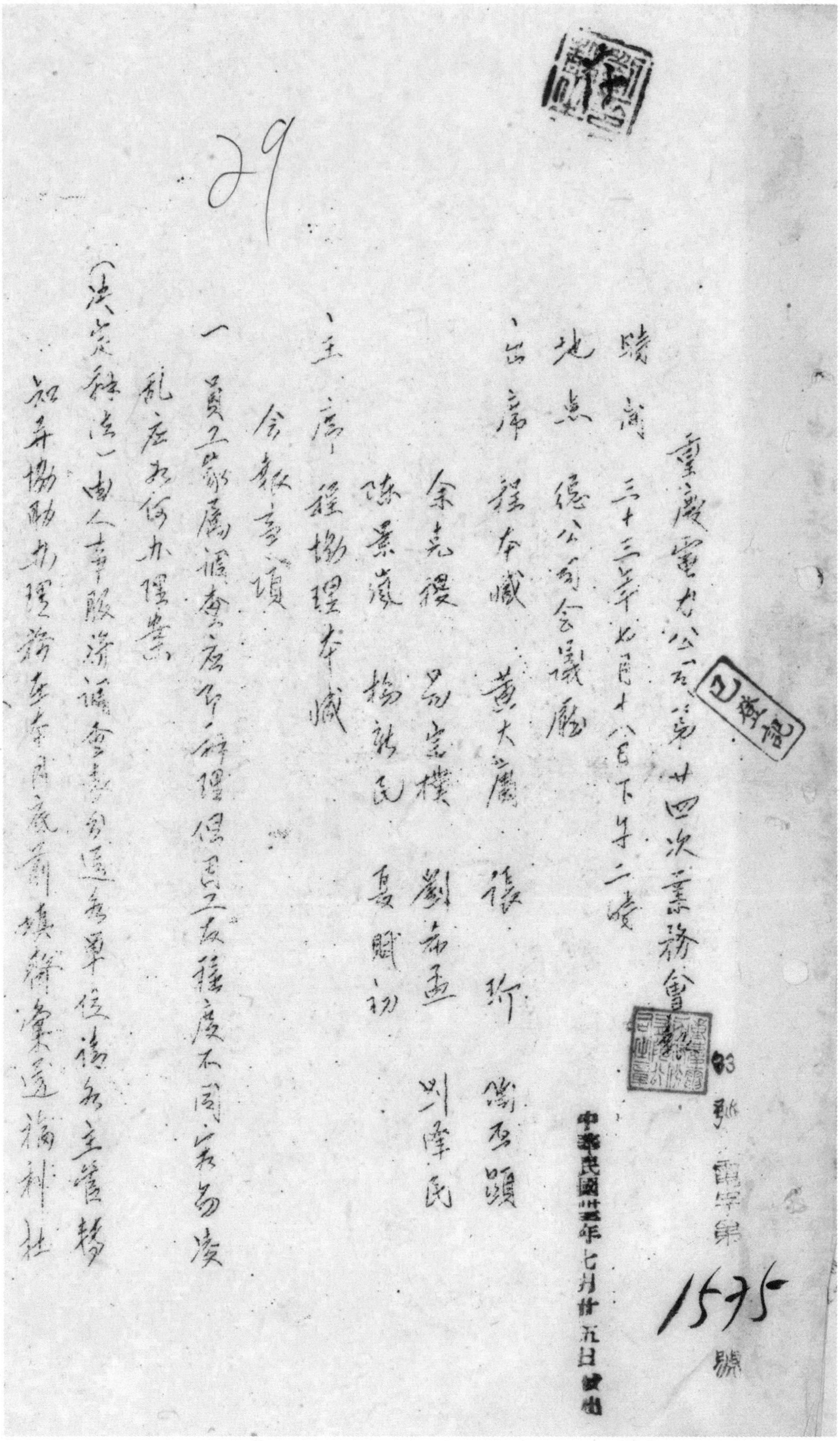
29

重慶電力公司第廿四次業務會報

時間 三十三年七月十八日下午二時

地點 總公司會議廳

出席 程本臧 黃大庸 張 玠 陶乃頤

余克稷 吳宗模 劉希孟 刘隆民

陳景崴 楊新民 袁賦初

主席 程協理本臧

會報事項

一 員工家屬證奉應即辦理，但員工友程度不同，家屬多寡

亂應如何辦理案

（決定辦法）由人事股簽請會報分送各單位總務主管務

知并協助辦理，務在本月底前填辦彙送稿科杜

已登記

電字第1575號

中華民國卅三年七月廿五日發出

并注意内容标齐。

二、今后会報時间改在每星期二上午九時举行，请注意届時出席案。

（决定办法）照辦。

三、福利社基金案

（决定办法）照所定数额及標準由福利社迳与会计科洽撥，惟该撥定中心工作模范推行。

四、公司员工尚有大部份未經申请，复后影響工作甚鉅，应如何辦理案。

（决定办法）请總務科迳速辦理。

五、收購電表之差額問题应如何找補結帳案。

（决定办法）由業会两科详研辦法呈核公布施行。

六、收费股每月结算数应何结帳案。

（决定办法）仍由業会两科擬定辦法呈核施行。

重庆电力股份有限公司第二十四次业务会报纪录（一九四四年七月十八日） 0219-2-86

30

七、中国兴业公司请装表三只，均已损毁，因该公司欠电费达六千五百万元之巨，应如何办理案

（决定办法）向收偿款，另为换装三相一百安培电表，并通知其节约用电

八、中国植物油厂铁工厂请增加电力，改装三相五十安培电表，是否照办理

（决定办法）签请经理室核办

九、炼油厂新水马达其电流系通过原电表，有引接用户，应否由公司换装案

（决定办法）水位涨落不定，公司代装势必增加无穷麻烦，仍由该公司自行办理

十、窃电罚款应如何分配案

（决定办法）照规定分配

重庆电力股份有限公司第二十五次业务会报纪录（一九四四年七月二十五日） 0219-2-86

28

存七、六

重慶電力公司第廿五次業務會報

時間：三十三年七月廿五日上午九時三十分

地點：總公司會議廳

出席：程本臧 吳錫瀛 黃大庸 陶丕顯 宋達全
余克稷 劉宗模 劉伊凡 劉蔭孟 劉佩雄
劉澤民 陳景崑 夏賦和 童曉欽

主席：程協理本臧

會報事項

一、植桿放線迭因各村保甲多方延誤，應給予責罰
應如何設法解決案

（決定辦法）

1. 關於查勘鐵路事工務科擬稿業務科通知後應在三天內查勘設法和業務科

2、關於材料估價諸事總務科擬具工務科通知後應於二日內轉請各部分知照工務科

3、倘係器材缺乏不能照辦總務科應迅將原由通知業務科俾即轉告用戶或退費

二、東新紗廠原有50噸方棚兩個業已損壞一個需費修理費甚鉅由新廠頗表不滿擬由公司另為裝設兩個再將原方棚退回要求

（決定移總照辦）

（完）

27

存

重慶電力公司第二十六次業務會報

時間：三十三年八月八日上午九時

地點：總公司會議廳

出席：程本臧　吳錫瀛　宋達全　余克稷　韋嶠叙

劉靜之　吳克斌　劉伊凡　陶丕顯　劉佩雄

劉澤民　潘景嵐　易宗樸　劉希孟　戚澤寓

袁賦初　王道平

主席：程協理本臧

會報事項

一　接綫工作仍甚遲緩用戶群起責難應如何改善案

重庆电力股份有限公司第二十七次业务会报纪录（一九四四年八月八日） 0219-2-86

（決定辦法）工務業務總務三科負責人及劉保股長於會報後注
加會商切實改進并報下次會報

二 中國興業公司發表案

（決定辦法）仍照第二十五次會報決定辦法辦理

三 合作社已由福利社正式接收存品應如何分配案

（決定辦法）由福利社擬定辦法

四 眷屬調查表仍有半數以上尚未填送應如何催辦案

（決定辦法）未填送調查表者停發米貼

（完）

重庆电力股份有限公司第二十八次业务会报纪录（一九四四年八月二十五日） 0219-2-86

26

33 發文電字第 1391

中華民國卅三年八月廿八日

重慶電力公司第二十八次業務會報

時間：卅三年八月廿五日上午九時

地點：總公司會議廳

出席：程本臧　吳錫瀛　宋達全　余克稷

章時叙　劉靜之　吳克斌　劉伊凡

陶丕顯　易宗模　劉希孟　盛澤閩

劉澤民　劉佩雄　陳景嵐　楊新民

夏斌彬

主席　程協理本臧

會報事項

重庆电力股份有限公司第二十八次业务会报纪录（一九四四年八月二十五日） 0219-2-86

一、廿一兵工廠業經承允每晚發電三百瓩供給江北城區惟須裝置全套兩付高壓表一付案

（決定辦法）由工務業務兩科分別照辦

二、第三廠向水泥廠及第二十五廠借用之輕便鋼軌應即歸還案

（決定辦法）由總務科辦理

重庆电力股份有限公司第二十九次业务会报纪录（一九四四年八月二十二日） 0219-2-86

25

重慶電力公司第廿九次業務會報

時間：三十三年八月廿二日上午九時

地點：總公司會議室

出席：程本臧　吴錫瀛　張祢　余克稷

陶百頤　劉靜之　吴克斌　劉伊凡

劉峯民　劉佩雄　陳景陽　易宗樸

劉希孟　盛澤潤　楊新民

主席：程協理本臧

會報事項

重庆电力股份有限公司第二十九次业务会报纪录（一九四四年八月二十二日） 0219-2-86

一、二厂煤荒影响营业甚钜请即设法救济案

（决定办法）由总务科速设法运济

二、乡镇公益供电案

（决定办法）分别婉谢

静書八、廿四

重庆电力股份有限公司第三十次业务会报纪录（一九四四年九月五日） 0219-2-122

重慶電力公司第卅次業務會報

時間：卅三年九月五日上午十一時

地點：總公司會議廳

出席：程本臧 劉靜之 吴免斌 黄大庸 劉伊凡

張玠 余克稷 章畴叙 陶在顯 裘斌初

王道平 楊新民 劉佩雄 劉澤民 陳景嵐

劉希孟 盛澤闓

主席：程協理本臧

會報事項

一、八月份麩粉登記已逾限期擬即定期自由銷售又員工眷屬調查表各單位尚未送齊致碍福利工作案

（決定辦法）1. 未經登記麩粉即行定期自由銷售

2. 眷屬調查表應請各單位在本月中旬以前報齊俾利登記工作而免以後糾紛

二、變壓器補助費究應如何收取請明白規定以昭劃一案

重庆电力股份有限公司第三十次业务会报纪录（一九四四年九月五日） 0219-2-122

21 15

（決定辦法）

1. 用户使用已裝之變壓器每開維費照一百開維費變壓器之每開維費價格（連油）之七折收取補助費新裝專用之變壓器照該器之最近價格（連油）之七折收取補助費

2. 器材價格由總務科每月調整一次通知業務科及三辦事處以便依照收費

三、請函國庫總庫駐庫審計分照普通辦法驗收器材後始能發款俾利領款案

（決定辦法）由會計科開具詳細現況及理由送總務科備函

四、歷年濫賬如何處理案

（決定辦法）先由業務科按年度清算提出送請董事會核

五、辦公時間議定案

（決定辦法）每日上午八時至十二時下午一時至五時自下星期一（本月十日）起實行

六、自來水公司欠賬案

（決定辦法）提本星期維持委員會解決

存

[signature] 九、五

7

重慶電力公司三十一次業務會報

時間：卅三年九月十二日下午二時

地點：總公司會議廳

出席：程本臧 吴錫瀛 黄大庸 劉伊凡 張詝 余克稷 章疇叙 陶丞欽 劉澤民 陈景嵐 劉佩雄 盛澤閣 夏斌初 王道平 楊新民

主席：程協理本臧

會報事項

一、九月份食米已由民食供應處洽妥照案先撥梭工眷屬及身份证名册彙報在即兹已分送調查表式請如限彙送案

（决定辦法）照案辦理如限送齊

二、南岸過江電话线請速修理案

（决定辦法）請總務科洽連線料修理

卅三年九月十五日 發由電字1938號

三、二厂用煤请速解决案

（决定办法）宝源煤已足接济电一存煤提经稽核委员会另定处置办法

四、近来装灯限制已不甚严拟请正式开放案

（决定办法）提经稽核委员会决定

五、南岸办事处整修房屋案

（决定办法）组织科速派员估勘

六、职工待遇究应如何调整请各抒意见案

（决定办法）应请稽核委员会从速决定不宜拖延

[illegible] 九月十二日

重庆电力股份有限公司第三十一次业务会报纪录（一九四四年九月十二日） 0219-2-122

重庆电力股份有限公司第三十二次业务会报纪录（一九四四年九月十九日）　0219-2-86

8

重慶電力公司第三十二次業務會報紀錄

時間：三十三年九月十九日下午二時

地點：總公司會議廳

出席：程本臧　吳錫瀛　黃大庸

吳克斌　宋達金　陳景嵐

盛澤園　劉佩雄　易宗樸

夏賦初　張進人　陶丕顯

主席：程協理本臧

會報事項

重庆电力股份有限公司第三十二次业务会报纪录（一九四四年九月十九日） 0219-2-86

一、十月一日為中秋節應於下月初發給之九月下半月工人薪工提前於九月底前發出其各廠處工資表册應於本月二十六日前送到公司以便提辦發放手續案

（決定辦法）照案辦理并限送齊

二、職員臨時出勤津貼及技工因公乘坐公共汽車費用經主管核章者轉核科審核附為有疑問先與主管人洽商辦理其無法解決者送經理室核辦案

[illegible] 九月廿日

（決定辦法）照辦

三、近來第一廠負荷過重擬由五十兵工廠放線經唐家沱與現有江北線路聯接俾江北一部份電流可由五十廠供給案

（決定辦法）由工務科查勘估計擬定計劃送核

重庆电力股份有限公司第三十二次业务会报纪录（一九四四年九月十九日）　0219-2-86

重庆电力股份有限公司第三十三次业务会报纪录（一九四四年九月二十六日） 0219-2-86

6

重慶電力公司第三十三次業務會報紀錄

時間　三十三年九月二十六日上午十一時

地點　本公司會議廳

出席　程協理　吳錫瀛　董幸甫　宋達金

戚澤閬　劉澤民　余克稷　易宗樸

劉佩雄　徐景嵐　劉希孟　章曉叙

張玗　吳竟斌　立道平　夏斌初

劉伊凡　黄大庸　楊新民

主席　程協理

討論事項

一、業務科張科長報告法院檢察官傳詢都郵街行人觸電致死案經過並建議（一）聘請法律顧問逐日到公司辦公（二）更換全市接户线俾符合規定標

重庆电力股份有限公司第三十三次业务会报纪录（一九四四年九月二十六日）　0219-2-86

准案

（决定办法）由主管据具计划提请临时经协委员会讨论

二、上龙门浩至黄桷垭及海棠溪至四公里由地方上自行敷设路灯线拟用一股八号裸铜线危险堪虞应如何改良案

（决定办法）呈请工务局核办

三、福利社催促送还米册案

（决定办法）查明尚未送还者直接催办

存

陈

九月卅

重庆电力股份有限公司第三十四次业务会报纪录（一九四四年十月三日） 0219-2-86

5

重慶電力公司第三十四次業務會報紀錄

時間 卅三年十月三日上午十一時

地點 本公司会議廳

出席 程協理 吳錫瀛 夏斌杨 宋達全
易宗樸 劉希孟 余克稷 劉佩雄
劉澤民 吳克斌 楊新民 陳景嵐
陶丕顯 王道平 劉伊凡 盛澤閎
劉靜之

主席 程協理

會報事項

一、吳總工程師提議現在各廠存煤逐漸用罄，第三廠已到隨起隨用之地步，煤荒问题又復發生，應

重庆电力股份有限公司第三十四次业务会报纪录（一九四四年十月三日） 0219-2-86

如何救济案
（决定办法）此次煤荒全受宝源欠交影响该公司毫无信用拟请燃管处函洽嘉陵南岸煤以代替宝源而免再闹煤荒
二、业务科提议对于表后接线跨接电流用户应如何取缔案
（决定办法）由业务科及三办事处斟酌情形办理如有纠纷时交由取缔组办理
三、福利社提议应请总务股代扣米款于扣到后即拨交福利社运用案
（决定办法）照办

存
十、七

重庆电力股份有限公司第三十七次业务会报纪录（一九四四年十月三十一日） 0219-2-122

存 [illegible] 青

重慶電力公司第三十七次業務會報紀錄

時間 卅三年十月卅一日中午十二時

地點 本公司会議廳

出席 浦總經理 吳總工程師 張進人 宋遠金 章晴叙 劉佩雄 劉靜之 易宗模 劉伊凡 陳農嵐 黄大庸 余克稷 劉希孟 夏斌彬 錢健夫 劉澤民 王道平 吳克斌

主席 浦總經理 紀錄 張君鼎

會報事項

一、会计科建议材料记賬员调回公司集中辦公案

（決定辦法）一、劃一材料名称及单位由貢科長即商吳總工程師決定實施

（二）截至本年七月底之材料清查結果應即与帳面核对有差錯处即查明由会计科即辦以便由稽核科經常或随時派員清查或抽查 三、材料帳員可调回会计科集中

№2259

[illegible]

中華民國卅三年十一月叁日

(一)

二、潘鑫鋼鉄厰等降低安压以[illegible]電压以適合該厰之用電案
（决定办法）拒绝此种办法并设法阻止
三、上半夜绝对禁止工厰用電案
（决定辦法）由检查组簽主任邀请市政府派职员二人随时出動检查區域除查定第一厰供電區域外并印呈请政府准予适用於第二三厰供電區域
四、通知用户并登報公告用户付给電费以后使用支票請書台頭為『重慶電力公司』案
（决定辦法）照辦
五、江北辦事處房屋借用期间至明年六月為止應如何办理案
（决定办法）先尋覓適當房屋或地皮再行洽租或購
六、邊境軍隊强駐江北辦事處内應如何應付案
（决定辦法）由陈主任景嵐相機應付請其遷讓
七、民食供應處核減本公司员工食米案
（决定辦法）由楊社長新民商承劉總经理辦理
八、本公司工程人员報名投考經濟部出國實習者計有十六人應如何保送案
（决定办法）由公司保送六名以年資最久學歷最深及地位較高者為標準

重庆电力股份有限公司第三十七次业务会报纪录（一九四四年十月三十一日）　0219-2-122

重庆电力股份有限公司第三十七次业务会报纪录（一九四四年十月三十一日） 0219-2-122

九、在办公时间以外用户电话询问公务或发生火警紧急
措置颇多不便公司及各厂处应派定值班人员守候电话
登报公告案
（决定办法）总务科会同各部分商洽定登报
十、恢复轮流停电办法经济部批回迳向市府申请案
（决定办法）再呈市府
十一、由本公司总工程师主持召开技术工程会议每月至少
一次案
（决定办法）照办
十二、关于账目材料应由稽核科派员经常查核或随时
抽查案
（决定办法）照办

重庆电力股份有限公司第三十八次业务会报纪录（一九四四年十一月十四日）　0219-2-86

3

重慶電力公司第三十八次業務會報紀錄

時間：三十三年十一月十四日上午十一時

地點：本公司會議室

出席：程協理　夏賦初　陶丕顯

韋疇叙　吴克斌　宋達全

劉佩雄　余克稷　陳景嵐

張進人　黄大庸　浦承爵

盛澤闓　劉靜之　楊新民

主席：程協理

紀錄：張君鼎

270

重庆电力股份有限公司第三十八次业务会报纪录（一九四四年十一月十四日） 0219-2-86

會報事項

一、中國勞動學會擬在第三廠開辦勞工補習學校分高初兩級所有費用書籍均由該會負擔本公司僅供給教室一間惟第三廠尚無適當房屋應如何應付案

（決定辦法）以無教室復之

二、發生火警後火警區域之供電辦法由吳總工程師會同工業務科擬定辦法案

（決定辦法）照辦

存

[illegible] 十一月廿二日

4

三、近来燃煤質量均有問題應如何辦理案
（決定辦法）呈報燃管處設法改進
四、業務科請調員二人補充收費職務案
（決定辦法）係本屆維持委員會決定
五、抗戰損失調查一事應如何填報案
（決定辦法）仍由統計股彙辦

重庆电力股份有限公司一九四五年度业务会报纪录（一九四五年） 0219-2-181、0219-2-120

重慶電力公司業務會報紀錄

時間：三十四年三月二十日正午

地點：本公司會議廳

出席：程協理 吳總工程師 陶玉頸 黃大庸

劉希孟 易宗樸 劉佩雄 秦亞雄

臧澤闓 陳景嵐 余克稷 劉澤民

劉伊凡 張進入 楊新民 夏賦初

宋達金

主席：程協理

紀錄　張昌影

會報事項

一、接電費原為五十元者擬改為五百元原為一百元者擬改為一千元案

決議　俟總經理核定後再通知各部份

二、第二廠十九日晚間用煤欠佳停供第一二路後仍感困難應如何辦理案

決議　何有關方面交涉

三、第一廠請建築工人宿舍案

決議　研究後再議

四、南岸常常停供一二兩路電流晚間六時至十時并派員查禁工廠用電小工廠遵照辦理而大工廠以電壓昇

高增加用電以致小工廠頗不滿意應如何辦理案

決議　裕華紗廠現使用本公司電流約一百五十瓩擬于本月底停止供給呈復生產局并通知裕華

五　江北辦事處房屋案

決議　再催市府查明江北縣政府舊址情形俾便由公司承購

六　自四月份起停供商店用電案

決議　再催市政府速頒命令以便赴期實施

七　購置股應搜集各項情報報由購料委員會統籌經常需用材料預為購儲案

決議　照辦

八　職工用電案

決議　三十三年度職工用電賬應速了結三十四年度用電由人事股函業務股核對職工名冊隨時轉賬

主席

重庆电力股份有限公司一九四五年度业务会报纪录（一九四五年）　0219-2-181，0219-2-120

重庆电力股份有限公司一九四五年度业务会报纪录（一九四五年） 0219-2-181，0219-2-120

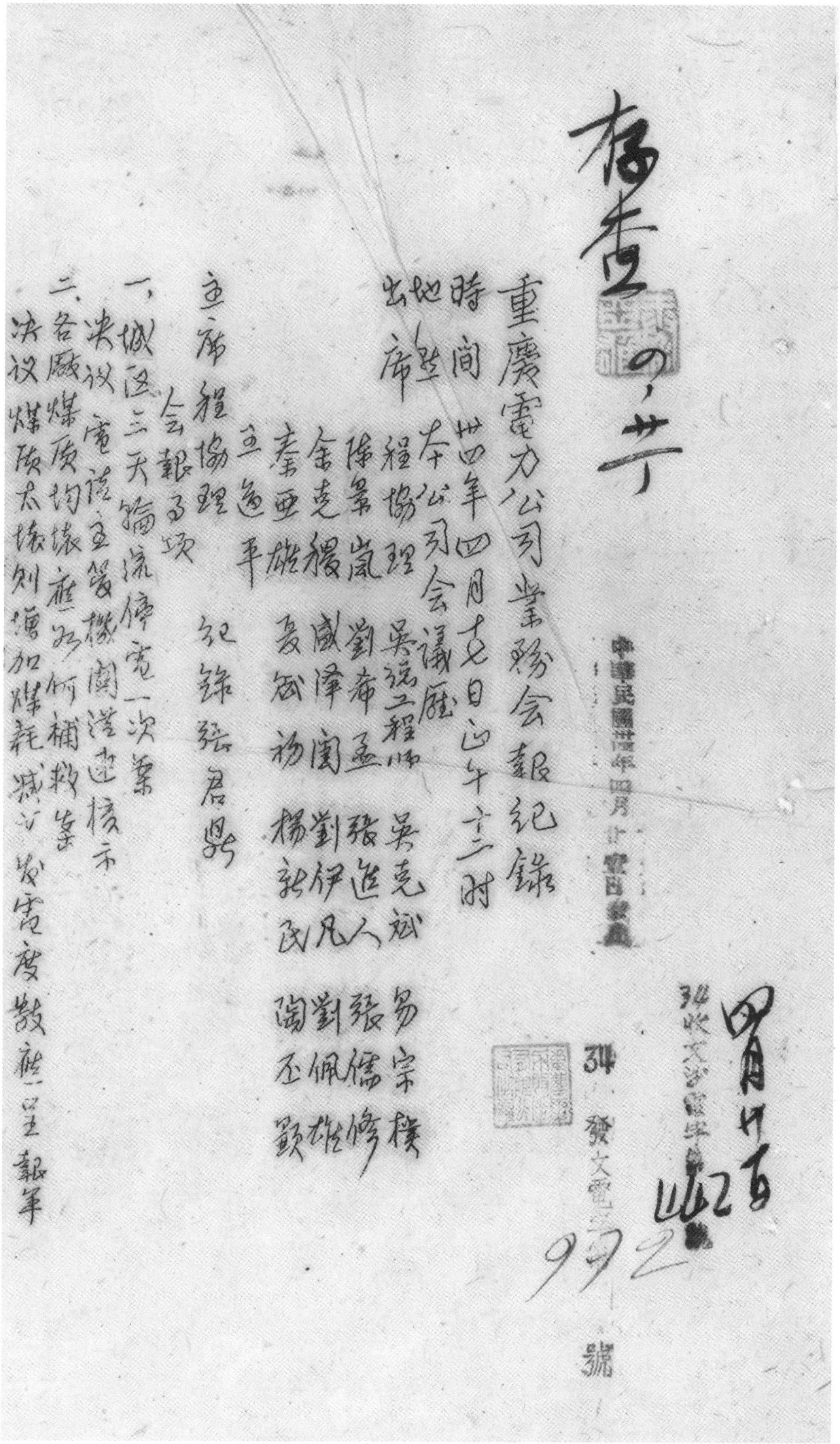

存查 四、廿

重慶電力公司業務會報紀錄

時間 卅四年四月十七日下午三時

地點 本公司會議廳

出席 程協理 吳總工程師 吳克斌 易宗模
陳阜嵐 劉希孟 張進人 張儒修
金克禮 盛澤闓 劉伊凡 劉佩雄
秦亞雄 夏鼎揚 楊新民 陶丕顯
王遵平

主席 程協理 紀錄 張君鼎

會報事項

一、城區三天輪流停電一次案

決議 電請主管機關洽商核示

二、各廠煤質均壞應如何補救案

決議 煤質太壞則增加煤耗減少發電度數應呈報軍

中華民國卅四年四月廿日發出

卅 發文電字 992 號

34收文沙電字第 號

重庆电力股份有限公司一九四五年度业务会报纪录（一九四五年） 0219-2-181，0219-2-120

41

三、设机关并登报呼吁，以往抢案稽延日久而未破，又据本月份由王廉吉派员协助抢案破迅速而破获三、四件，应予嘉奖案

决议 对破案之人给予津贴，然后会同人员由福利社查照呈核

四、中国生产促进会函请将本公司员工名册及需要日用物品数量填交该会，以便汇转经济部核发案

决议 由福利社洽办

五、中央警官学校请将原装该校100KVA方棚退还，又六全代会将于五月五日开会，请自四月廿五日起至五月底止改善该校灯光案

决议 请指定由何处拨移100KVA方棚一具借给会场用电

主席

重慶電力公司業務會報紀錄

時間　三十四年五月一日正午

地點　本公司會議廳

出席　浦總經理　程協理　吳總工程師　張進八　劉希孟　奧斌初　楊新民　陳景嵐　劉澤民　吳克斌　張儒修　章晴叔　秦亞雄　劉佩雄　陶丕顯　劉伊九　王道平　黃大庸

主席　浦總經理

紀錄　張君彬

會報事項

一、三十兵工廠請裝彈子石廠方棚移裝茅溪影响彈子石其他用户用電應如何辦理案

決議：由南岸辦事處統洽合理解決

二、四月份抄見度數照新電價製票收費案

決議：照辦

三、黨政軍機關電燈電價仍照原價八折計算案

決議：所稱黨政軍機關辦公地點為限宿舍及事業機關不在內

發文電字第11號

重庆电力股份有限公司一九四五年度业务会报纪录（一九四五年） 0219-2-181、0219-2-120

先將此項原則報請市府備案

四、二三月份公司虧損應如何補救案

決議：照請求加價各件所列數字計算虧損數字加上去年年終虧損一併請求政府補貼，備文向市府及生產局申請

五、四月份煤價調整費應提早收費案

決議：照辦，二三兩月尚未收齊之調整費亦應儘量收取

六、電、煤超過限價之成本應按月如數計算煤價調整費案

決議：照辦

七、黨政軍機關及學校電燈用電是否照收煤價調整費案

決議：照收

八、城區晚間用電三大輪流停電案

決議：由總工程師擬定輪流停電秩序表再呈市府核定

九、遷建修建兩工程附加費應否停收案

決議：自五月份起停收

十、公司與煤商逕行洽商如何改善煤質案

決議：總科即洽辦並登報徵購

十一、大渡口放綫工程限四十天完工所需材料從速購置案

決議：速照辦

31

存卷 五、一七

十二、江北辦事處請領材料案
決議：逕向總務科洽辦
十三、昆明中央電工器材廠方棚四具從速設法運渝案
決議：速請運輸處託文行代運
十四、請生產局代為定製方棚二十五具以應要需案
決議：即備文申請
十五、增加保押金案
決議：由業務科擬定增加數額送核并先向工務局鄧科長面洽
十六、用戶室外電線時常被竊應如何辦理案
決議：仍由用戶備料公司派工裝復，其有特殊情形者由經理室決定處理辦法
十七、三廠工人五十餘人於此次領取工資時發現薪金袋所列數目與廠方所造工資表數目不符，合計相差五萬餘元，應如何辦理案
決議：交稽核科澈查報核

重庆电力股份有限公司一九四五年度业务会报纪录（一九四五年） 0219-2-181，0219-2-120

40

十八、以後發工資時由庶務股、稽核科及廠房造冊人員會同發付案

決議：照辦

十九、社會局管轄下之挑煤力伕遇有調整工資時不必補發案

決議：照辦

廿、用電檢查組定期普查竊電自即日起以四十日為期查完一區或數區時即由該組函工業兩科會商解決辦法送核案

決議：照辦

廿一、用電檢查組應支臨時出勤津貼應如何辦理案

決議：由張副組長簽核

廿二、暑期辦公時間如何規定案

決議：辦公時間不改，鐘錶撥快一小時

主席 浦心雅

重庆电力股份有限公司一九四五年度业务会报纪录（一九四五年） 0219-2-181、0219-2-120

存卷

重慶電力公司業務會報紀錄

時間：三十四年五月八日正午

地點：本公司會議廳

出席：程協理 吳總工程師 張儒修 劉希孟 張進人 劉伊凡
宋達金 佘克稷 吳克斌 王道平 劉佩雄 劉墀民
夏械初 陳景嵐 董幸甫 秦亞雄

主席：程協理

紀錄：張君彬

會報事項

一、先將新電價函知兵工署以便收費案

決議：照辦（煤價調整費俟煤價標準決定後另案通知）

二、二三兩月份補收煤價調整費及四月份新電價應從速收取以八應支付案

決議：業科速辦

三、補製二三兩月份煤價調整費據票及將來尚須加製四月份補收煤價調整費票據工作繁劇票據股同仁每日下班後須加二三小時請酌給獎金案

決議：由業務科簽請核示

四、大東書局擬將大佛寺方棚移裝龍門浩用電案

1181

重庆电力股份有限公司一九四五年度业务会报纪录（一九四五年） 0219-2-181、0219-2-120

38

决议：应请大东书局速自备方棚一具在未装置以前暂由龙门浩方棚供电以一月为限由南处迳行洽办

五、四月份食米欠佳致尚有二百余担未领第三厂员工建议公司所员工各认一半损失由公司另购好米百余担平均配搭分发并建议以后提米时请民食供应处分开龙门浩黄角堡等处提单交由各部份迳向仓库或米厂洽提案

决议：由福利社签请核示

六、大渡口放线工程所需临时工无法由各部份抽调应如何办理案

决议：无法抽调只得添雇临时工

七、向生产局社会局说明在六全代会及此后期间如煤质欠佳煤量不足及挑起煤力夫不够因而影响发电公司不负任何责任案

决议：备文说明

八、用电检查组临时出勤津贴应否照业务科抄表员收费员支给案

决议：照业务科抄表收费员之支领办法办理

主席 程本臧

重庆电力股份有限公司一九四五年度业务会报纪录（一九四五年）
0219-2-181、0219-2-120

存卷

重慶電力公司業務會報紀錄

時間　三十四年五月十五日正午

地點　本公司会议廳

出席　程協理　吳總工程師　劉靜之　張進人　夏斌初

張儒修　劉希孟　陈景嵐　余克稷　劉澤民

楊新民　劉佩雄　秦亞雄　章畴叙　吳克斌

宋道全　陶丕顯　劉伊凡

主席　程協理

紀錄　張君鼎

會報事項

一、四月份未領食米二百餘石如何辦理案

決議　應速解決可即召開福利委員会報告經過由各委員分別向職工解释自動退領

二、煤质欠佳水份太多之煤船應拒絕起卸案

1243號

重庆电力股份有限公司一九四五年度业务会报纪录（一九四五年） 0219–2–181、0219–2–120

37

決議 可辦

三、勞電補貼應如何計算

決议 照政府法规辦理

四、江辦安房屋案

決议 由陳主任景嵐設商展期一面積極進行購買房屋或地皮

五、三廠需一分及一分半鉄板案

決議 總務科速照購

六、南辦處需高壓令克保险丝等應如何辦理案

決议 设法購置

七、興廠方棚一具不許搬出如何辦理案

決议 由劉主任與趙廠長面洽

八、沙坪垻两具方棚負荷已滿如何應付案

決议 不装新户

九、答復用户各项詢問案

決議 廠房及线路障碍发生时由主管部份分別通知有関部份及经理室

主席

重慶電力公司業務會報紀錄

時間：三十四年五月二十二日下午一時

地點：本公司會議廳

出席：程協理　吳總工程師　劉靜之　劉伊凡　張儒修　劉希孟　余克稷　劉澤民　劉佩雄　陳景嵐　陶三顯　秦亞雄　易宗模　張進人

主席　程協理

紀錄　張君鼎

會報事項

一、城區三天輪流停電一次未獲市府允許惟默許本公司得臨時緊急處置停供一路或兩路電流案

决议：暂照办理

二、粮食部及龙处长公馆装表用电案

决议：应予装表

三、中心学校装表用电案

决议：应为装表，惟须取具铺保

四、特价电灯应一律重查，如有请求特价待遇者应先查明再予

案

决议：照办，并由稽查股负调查之责

五、南岸办事处保坎垮塌应即修复，以利行人案

决议：由总务科派员查勘购料修建

主席 程本臧

36

存卷

重庆电力股份有限公司一九四五年度业务会报纪录（一九四五年） 0219-2-181，0219-2-120

重慶電力公司業務會報紀錄

時間 三十四年五月廿九日正午

地點 本公司會議廳

出席 程協理 吳總工程師 夏斌初 陶丕顯 張進八 章疇叙 張儒修 劉希孟 陳景嵐 秦亞雄 錢健夫 余克稷 吳克斌 易宗樸 宋達金 楊新民 劉伊凡

主席 程協理

紀錄 張君影

會報事項

一、華一村美軍之官佐宅用電案

決議 應在十日内辦竣

二、查獲巴中校竊電案

決議 應分別裝表

重庆电力股份有限公司一九四五年度业务会报纪录（一九四五年） 0219-2-181、0219-2-120

35

三、檢查人員於非辦公時間內須出勤檢查工廠用電似應頒津貼案
決議 由檢查組簽請總協理核定
四、江北城區上半夜幾無日有電應設法改善案
決議 由工務科計劃改善
五、於每日下午七時至十時派工駐七星崗管制該處開關案
決議 照辦
六、自六月份起職員薪津改發劃綫支票案
決議 照辦
七、大溪溝公役工資由庶務股派員往發以免荒廢工作案
決議 照辦
八、福利社擬定職工子弟借貸教育金案
決議 修正陳請總協理核定

主席 程本臧

重庆电力股份有限公司一九四五年度业务会报纪录（一九四五年）　0219-2-181，0219-2-120

存卷

重慶電力公司業務會報紀錄

時間　三十四年六月五日正午

地點　本公司會議廳

出席　程協理　吳總工程師　張儒修　吳克斌　楊新民　劉伊九　陶玉顯　夏斌初　秦亜雄　陳景嵐　劉澤民　余克稷　宋達全　張進之　易宗樸

主席　程協理

紀錄　張君影

會報事項

一　中央造紙廠拒絕本公司撤回變壓器及電表案

決議　應約請張覺人張劍鳴及生産局代表等會商解決辦法

33

二、江北需用變流機案

決議 應速定製

三、三廠需用鉄板製造炭車案

決議 設法搜購

四、以後各主管部份須用線路材料須經總工程師或宋科長

達全核定以利統籌案

決議 照辦

五、材料股須補充人員案

決議 由總工程師就學徒中遴選補充

主席 程本臧

重庆电力股份有限公司一九四五年度业务会报纪录（一九四五年） 0219-2-181、0219-2-120

重慶電力公司業務會報紀錄

時間、三十四年六月十二日正午

地點、本公司會議廳

出席、程協理 吳總工程師 劉靜之 易宗模 劉希孟 孫儒修 余克稷 劉佩雄 陳景嵐 秦重雄 韋曉叙 張進入 陶丕顯 劉澤民 夏斌初 劉伊凡

主席 程協理

紀錄 張君鼎

會報事項

一、巴中校未裝電表各户共約有電灯一百餘盞由聯合辦事處派員接洽統办一表案

決議 勉允照辦

二、巴中校程副總長辦公處要求裝表案

決議 照辦

三、憲警機關及官兵住宅之已自行接线用電者應如何解决案

決議 機關辦公處所可先為裝表報市府備查，官兵住宅派員向其主管長官面洽，如照普通市民用電由總協理斟酌情形核定辦理

四、三辦事處將所轄電力用户之用電量通知用户檢查組以便檢查黏

量用電案

決議 照辦

五．總務科速購修理電表材料俾使表從速修理以應需要案

決議 照辦

六．南岸辦處請不撤五百KVA方棚案

決議 先商中央紙廠折回所借方棚

七．江北區上半夜經常無電用戶不滿應如何應付案

決議 由檢查組取締工廠上半夜用電俾可供給江北

八．申請特價手續應如何辦理以期迅速案

決議 由稽查股查明後經理室批辦不必提交業務會報

九．以後申請用電之文件均送請總工程師會章案

決議 照辦

十．預防霍亂注射案

決議 速購疫苗注射

十一．大溪溝廠房銅鋼印請撤除案

決議 照辦

十二．是否繼續照扣福利基金案

決議 繼續照扣擴大福利業務範圍舉辦職工婚喪疾病無息貸款

各單位送派代表協助福利社工作

31

存卷 六．十四

重庆电力股份有限公司一九四五年度业务会报纪录（一九四五年） 0219-2-181，0219-2-120

存卷

中華民國卅四年六月廿壹日發出

34、收文電字第1614號

六月廿五日 34收文沙電字第 號

重慶電力公司業務會報紀錄

時間：卅四年六月十九日正午　地點：本公司會議廳

出席：程協理　吴總工程師　張進人　夏㦤初　張儒修

楊新民　劉希孟　宋蓮金　吴克斌　劉佩雄

余克稷　劉澤民　陈景嵐　章晳叙　秦亜雄

陶丕勋　易宗樸　孟遂平　劉伊凡

主席　程協理　紀錄　張君鼎

會報事項

一、渝鑫鋼鐵廠於去年裝用方棚時曾貸給本公司六千元，應於電費内分期扣还，兹查未按期照扣，應如何辦理案

決議　查明後照数償还

二、總務科將煤價、過江费、起力等随时分别通知三廠以

30

便計算發電成本案

決議 照辦

三、總務科將本公司計算應收煤價調整費數字隨時分別通知用戶及三區事務以便收取變動用戶之電費案

決議 照辦

四、南岸區事務員工擬就近打防疫針案

決議 照辦

五、沙坪壩用戶擬請求公司一律改用一萬三千伏電壓供電案

決議 婉拒

六、用戶服需用接戶材料案

決議 可開請領單交由總務科辦理

七、衛戍總司令部在捍衛新村用電不肯付補助費案

決议 先為放線裝表

出席

重庆电力股份有限公司一九四五年度业务会报纪录（一九四五年） 0219-2-181、0219-2-120

存卷 七·七

七月七日

34收文沙電字第1512號

34·1發文電字第1827號

重慶電力公司業務會報紀錄

中華民國卅四年七月六日 發出

時間：三十四年七月三日正午

地點：本公司會議廳

出席：程協理 吳總工程師 劉希孟 張儒修 夏斌初

劉佩雄 張進之 章曉叙 俞克穆 秦惠雄

陳景嵐 易宗模 陶五顕 宋達全 劉伊凡

主席 程協理

紀錄 張君彬

會報事項

一、各國駐華使館及軍部對於本公司不能按期收煤價調整費頗多誤會應由公司備函說明案

29

決議照辦
二、新蜀報請求自化龍橋遷移白象街使用電力案
決議照辦
三、江北城區電灯用電量不足一〇〇KVA應請供給案
決議儘量設法供給
四、中央紙廠裝用本公司電表是否撤回案
決議工總兩科即查明具報
五、捍衛新村自行植桿十三根竊電案
決議明日上午八時由宋科長派工人協助用電檢查組拔回
六、憲兵學校打米廠竊電案
決議由張組長商請憲兵主管令自行停用

主席程本臧

重慶電力公司業務會報紀錄

時間　三十四年七月十一日正午
地點　本公司會議廳
出席　程協理　劉佩雄　夏賦初　吳克斌
　　　張進人　劉希孟　張儒修　劉澤民
　　　余克稷　章畴叙　陳景嵐　陶丕顯
主席　程協理
紀錄　張君鼎

會報事項

一、学校與学校之宿舍頗難分别收費可否一律照特價優待案
決議　照辦
二、華安煤礦所交之煤質地不佳擬不續訂案
決議　照辦
三、追償一年窃電賠費應以一年電價平均核計

中華民國卅四年七月拾四日發出
34收文沙電字第　號
發文電字第1919號

重庆电力股份有限公司一九四五年度业务会报纪录（一九四五年）　0219-2-181，0219-2-120

算案

決議　照辦

四、用户如有變動随即清結該户電費案

決議　照辦

五、去年竊電用户有十四家已賠費要求裝表應如何辦理案

決議　代向工務局申請

六、江北辦事處需要地皮案

決議　登報徵求

28

主席

重庆电力股份有限公司一九四五年度业务会报纪录（一九四五年） 0219-2-181，0219-2-120

八、四、

中華民國卅四年八月叁日 發出

收文沙電字第 582 號

八月四日

34 發文電字第 2105 號

重慶電力公司業務會報紀錄

時間 三十四年七月廿四日正午

地點 本公司會議廳

出席 浦總經理 吳總工程師 劉佩雄 劉靜之

陳景嵩 張進人 劉希孟 車時叙 劉伊凡

楊新民 宋達金 劉澤民 吳克斌 陶丕顯

夏聯力 易宗樸 張儒修

主席 浦總經理

紀錄 張君鼎

會報事項

一、此次招考會計業務見習生應注意事項案

決議 (一)筆試口面試并重

(二)以考試成績優劣為取捨標準

(三)名額分配 業務科十人 會計科四人 總務科二人 第一廠一人

24

四另備取生若干人

二、對于不付電費并無法剪火撤表用户應如何辦理案

決議 簽請經理室核辦

三、江北辦事處地皮案

決議 由主任覓妥地點報請核辦

四、本公司薪工燃煤及工程上急需材料需款至急應加緊收費以應開支案

決議 照辦

五、中國興業公司請增加五百KW用電案

決議 由工務科簽復

六、福利社為衆人服務難期週到非常時期為柴米油鹽而忙更難應付希望轉知各同事予以諒解案

決議 無異議

七、工務員升為副工程師案

決議：(一)大学畢業服務本公司兩年以上而有成績者

(二)現任工務員而非大学畢業者可參加政府舉办之文官考試考試合格者本公司照升為副工程師或工程師

(三)工務員與工程師所任工作應有差别

25

八、第一廠需用天府煤案
決議 由總務科向煤焦管理處申請增加配額
九、總務科會同稽核科派員往各廠處清理廢料案
決議 請各主管轉告各主办人員知照
十、第三廠借用鋼軌業經另製新件備还案
決議 以新鋼軌抵还
十一、華安欠煤一百餘噸竟成煤礦应於本月底交足一千六百餘噸应如何办理案
決議 催請照交
十二、清查大溪溝一帶窃電案
決議 由檢查組先照職工名冊前往清查整理再定期前往剪除窃電

主席 浦心雅

重庆电力股份有限公司一九四五年度业务会报纪录（一九四五年） 0219-2-181，0219-2-120

存卷

八月四日

重慶電力公司業務會報紀錄

時間 三十四年七月三十一日正午

地點 本公司會議廳

出席 浦總經理 吳總工程師 張進人 劉希孟
秦亞雄 陳景嵐 張儒脩 劉佩雄
余克稷 吳克斌 劉澤民 易宗樸
陶丕顯 夏紹初 劉伊凡 宗達全
王道平

主席 浦總經理

紀錄 張君鼎

26

會報事項

一、各部份應切取联繫案

決議　主管部份應与联繫部份密切联络切忌由上而下又由下而上多費时间

二、總工程师權責案

決議　参酌其他公司辦法規定總工程师權責提董事会核定

三、関於工程上應討論之问题應如何辦理案

決議　由總工程师随时召集工程人员商討

四、華新纱厰請在不增加用電量原则下改单相线路為三相线路案

決議　照辦

五、節约用電案

決議　遵照政府規定由業務科負責辦理并同时检查用户内线以策安全

六、超用電流案

重庆电力股份有限公司一九四五年度业务会报纪录（一九四五年） 0219-2-181、0219-2-120

决议 由用电检查组会同工业两科办理，以检查组为召集人，照章用户之后尺手续由检查组先与工务科接洽照章办后，复通知业务科复火

七、巡回校表案

决议 照章举办

八、加强用电检查组业务及人事案

决议 (一)检查集团窃电同时(二)分组按户轮流检查(三)调借补充人员务期于此次办理澈底

九、南办处急需合克闲闸角铁木样案

决议 速予筹置

十、急需材料款项仍需提前筹拨案

决议 由会计科照办

十一、南办处请补技工案

决议 由总工程师查照全公司技工小工分配情形统

27

薪調後

十二、各廠添僱臨時工組綫拆遷除拆遷運石案

決議：(一)原則決定添加工資加入煤價調整費計算

(二)照煤價調整費計算表另立賬目以備查攷

十三、劉、王位澤民報告第三廠近況案

決議：重要事項另案簽報

十四、小工升替工案

決議：考績結果書面通知

主席

重庆电力股份有限公司一九四五年度业务会报纪录（一九四五年）　0219-2-181，0219-2-120

中華民國卅四年八月拾壹日發出
發文電字第2169號

重慶電力公司業務會報紀錄

時間　卅四年八月七日正午　地點　本公司會議廳

出席　吳總工程師　劉靜之　楊新民　張儒修　宋達全
易宗樸　劉伊凡　余克穠　劉希孟　王道平
章曉舫　張進八　秦亞雄　陶亞勤　劉佩雄
吳克斌

主席　吳總工程師　紀錄　張君鼎

會報事項

一、楊社長新民請辭福利社職務負責維持至本月底案
決議　由楊社長逕向總經理申請

二、職工用電之未裝表者遇用電檢查組派員檢查時應如何辦別案
決议　由經理室通告各單位轉告各職工遇見檢查人员查询时將身份証福利社配给証及证章交验

三、職工子弟入学貸金全额应斟酌各中学收费情形提高数额案
决议　建议職工福利委员会酌办

四、第二廠请撥购煤案

23

决议 照上次会报决定组织拣选队选煤

五、本二厂煤质太差汽压低至一百四十磅汽温跌至四百度两星期内停电四次而又不能不勉强开车以致配件磨损过甚应另行办理案

决议 选用好煤请饬配件

六、高工毕业学生入本公司作工务工作者其待遇应比照高中毕业学生入本公司者办员待遇办法其薪金不尽相同但津贴应相同案

决议 查照签注核定

七、饬员大溪沟唐姓地皮应注意下项案

决议 应请指明四至界址并注意街房五间地皮上砖石情形洽议地价

主席 吴锡瀛

存卷 八、廿 [illegible]

重庆电力股份有限公司一九四五年度业务会报纪录（一九四五年）

0219-2-181，0219-2-120

存卷

重慶電力公司業務會報紀錄

時間：三十四年八月十四日正午

地點：本公司會議廳

出席：浦總經理 劉靜之 陶亞頸 劉希亞 夏賦初 劉佩雄
車嘯叔 楊社民 劉畢民 張儒修 錢儂夫 董辛甫
秦亞雄 宋達全 吳總工程師 陳景崗 余克稷 張進人
王道平

主席：浦總經理

紀錄：張君鼎

會報事項

一、董副科長報告向唐姓洽購大溪溝地皮經過情形案

決議：戰事結束地價下跌，既未成交，停止進行。

二、第三廠離市區較遠，職員薪津不發支票，改發現鈔案

決議：照辦，其他廠處不得援例。

三、以後發放工資掉換現鈔由出納股負責，並注意存款銀行信用案

中華民國卅四年八月拾五日發出

發文電字第2194號

收文電字第586號

八月十七日

22

決議：照辦

四、新到公司服務者及尚未繳驗身份證之職工應於本月底前將本人及家屬身份證送由福利社轉民食供應處查驗以憑發米案

決議：照辦

五、人事股印發職工報到須知有關福利事項由福利社彙集送人事股編製案

決議：照辦

六、用電檢查組調補雜事人員案

決議：儘先調用，如不足用另行招致，但可以新人向各科處換用舊人以資熟手案

決議：照辦

七、二十一廠在本公司所裝高壓電表後接線供給用戶電流應如何辦理案

決議：由總工程師約集二十一廠江北處業務科會商決定交換書面雙方遵守

重庆电力股份有限公司一九四五年度业务会报纪录（一九四五年） 0219-2-181，0219-2-120

21

八、盟友社私設線路用電案
決議：照章取締，由用電檢查組執行
九、第二廠保護設備用之沙箱撤除以沙鋪路，木料退材料股案
決議：照辦
十、修理第一廠房屋案
決議：招商估計
十一、撤除南岸防空洞木架案
決議：照辦
十二、劉主任報告警衛旅在清水溪竊用高壓電流以致傷斃某廠工人三名案
決議：分報有關機關
十三、觀音岩方棚燒燬應由超用電流廠家照方棚新價按超用馬達匹數計算賠償案
決議：照辦，約計賠償六十餘萬元

主席 浦心雅

中華民國卅四年八月廿貳日發出 收文字第 609 號 發文電字第 2269 號
八月廿六日

重慶電力公司業務會報紀錄

時間 卅四年八月廿一日正午 地點 本公司會議廳

出席 程代總經理 吳總工程師 張玠 張儒修

劉靜之 劉佩雄 余克稷 易宗模

劉澤民 陳景嵐 秦西雄 宋蓮全 楊新民

董辛甫 劉希孟 陶正顯 劉伊凡

主席 程代總經理 紀錄 張君鼎

會報事項

一、工務見習生期滿改支津貼案

決議 總工程師核簽

二、南岸第一號電線路隨時停電用戶請求改善案

決議 酌配天府煤觔以改善供應

三、第一廠衛兵酌調數名至第二廠守衛案

重庆电力股份有限公司一九四五年度业务会报纪录（一九四五年） 0219-2-181，0219-2-120

决议 照办

四、事务课津贴照往年成案办理案

决议 照办

五、职工在饭厅赌博案

决议 由经理室通告严厉禁止违者开除情节重大者送警局法办

六、严禁在办公室内剃头擦皮鞋赌博瞌睡及其他不规则之行动案

决议 由经理室通告纠正禁止并由各主管随时督导

主席

存

中華民國卅四年八月卅日 發出

34 發文電字第　號

重慶電力公司業務會報紀錄

時間：三十四年八月廿八日正午

地點：本公司會議室

出席：程總經理 吳錫之 程仰 劉靜之 余克稷 劉澤民 易崇模

宋達金 劉伊凡 劉佩雄 陳景嵐 秦亞雄 章暢敘

陶丕頤 張儒修 張進人

主席：程總經理 紀錄 陶偉雲

會報事項

一、木桿用盡無法工作案

決議 儘速購買

二、公司全部資產應澈底盤查俾得一確切數字案

重庆电力股份有限公司一九四五年度业务会报纪录（一九四五年） 0219-2-181、0219-2-120

(一)先行將定設新村及新橋廠房材料搬回第一廠其堆木
地點由陶科長會同吳科長易科長洽勘擇定并修茸
第一廠鍋炉房屋頂
(二)由各單位造送各單位資產表再由經理室派員複查
三、劉科長提請各廠各辦事處迅速造補四五月份工人薪
津冊以便結帳而免久懸案
決議 照辦

18

浦心雅

中華民國卅四年九月五日發出

九月六日

字第62[illegible]號

34 發文電字第2369號

重慶電力公司業務會報紀錄

時間　三十四年九月四日正午

地點　本公司會議廳

出席　程總經理　吳總工程師　張進人
劉希孟　陳景嵐　秦亜雄
劉澤民　余克稷　易宗樸
陶丕顯　劉伊凡　張儒修

主席　程總經理

紀錄　張君鼎

會報事項

一、此次大水為災受難員工請求借支薪工案

決議　先行登記經派員調查屬實後得借支一

重庆电力股份有限公司一九四五年度业务会报纪录（一九四五年） 0219-2-181，0219-2-120

18

個月薪五分六個月扣還

二、劉主任報告第二廠煤棧被淹煤船無法靠岸被迫停電經過情形案

三、陶科長報告各廠缺煤情形及向煤焦管理處接洽搶運煤觔濟急經過案

四、令明兩夜應禁止米廠用電案

決議 分別通知各米廠

主席

浩培（印）九、七

中華民國卅四年九月拾貳日發出

發文電字第2410號

九月十二日

重慶電力公司業務會報紀錄

時間 三十四年九月十一日下午

地點 本公司會議廳

出席：程總經理 吳總工程師 劉靜之 劉希孟 劉伊凡
陶玉頭 秦更雄 章疇叙 劉佩雄 楊新民
吳克斌 宋達金 劉澤民 易宗樸 余克稷

主席 程總經理 紀錄 張君影

會報事項

一、第二廠煤質太壞無法維持正常電壓應如何改善案

決議：由第一廠撥支一部份資源煤

二、公司應收未收電費達〇億以上應如何辦理案

決議 由業務科加緊催收日報表應逐日送經理室

三、三十二年七月至三十三年六月及三十三年七月至三十四年六月止

重庆电力股份有限公司一九四五年度业务会报纪录（一九四五年） 0219-2-181、0219-2-120

八不請假獎金應如何發給案
決議：由總務科查照舊案通知各部份造表
四、江北辦事處屋主請本公司承購該處房屋案
決議：總務科洽辦
五、應如何防止電費呆賬及折走電表案
決議：一、催請工務局從速批准增加保押金
二、業務科應注意欠費用戶並隨時通知各辦事處
三、速辦收費用戶具保
六、學徒攷績應升帮工案
決議：年底再議
七、撤除第一廠沙箱
決議：招商承包以撤除之沙填塞防空洞
八、防空洞木櫈交由職工子弟學校撤去改用案
決議：照辦

16

存
九、十七

17

九、非川籍職工請假回籍案

決議：由人事股擬定辦法送核

十、福利社經貸入学貸金婚喪疾病貸金水災貸金應何限制案

決議：（一）除入学貸金外借款未扣清以前不能再借第二種

（二）已離職員工之未清貸金應向其担保人追償，有關部份應切取聯系

主席 程本臧

重庆电力股份有限公司一九四五年度业务会报纪录（一九四五年） 0219-2-181、0219-2-120

三十四年九月十八日業務會報紀錄

地點 總公司會議室

時間 九月十八日正午十二時

出席人 程總經理 劉伊九 張進人 張萬楷 韋暗叙
劉希孟 吳錫瀛 劉佩雄 劉澤民 楊新民
宋達金 余克稷 易宗樸 吳克斌 陶丕顕
劉靜之 秦亜雄

主席 程總經理

紀錄 董毓庚

報告事項

15

(一)楊主任報告本公司八月份食米接紅沙碛倉庫主任
來信一俟運到負責提前撥發
(二)劉主任希孟報告二廠自天府煤斷一次情形轉好
決議事項
(一)職工八九兩月食米如在九月底尚未發出十月份[illegible]
來款

存卷 [illegible] 九卅

重庆电力股份有限公司一九四五年度业务会报纪录（一九四五年） 0219-2-181、0219-2-120

重慶電力公司業務會報紀錄

時間 三十四年九月二十五日正午

地點 本公司會議室

出席 程代總經理 吳總工程師

楊新民 宋達全 吳克斌 劉佩雄

余克稷 張禹楷 劉希孟 秦亞雄

章疇叙 劉澤民 易宗樸 張進人

陶丕顯 董毓庚

主席 程代總經理 紀錄 閻倬雲

一 福利社楊社長報告近來支出各職工医药水災

14

及于第八營借款達九百餘萬元應請有關部份密取連繫以免借款不能如數扣還案

決議 應扣借款由福利社於每月十日以前造冊送交庶務股

二、稽核科積壓單據久不審核無法做帳案

決議 請稽核科迅為審核

主席

十六

重庆电力股份有限公司一九四五年度业务会报纪录（一九四五年）

0219-2-181，0219-2-120

存 十・四

中華民國卅四年拾月叁日 發出

卅四收文發電字第 號 十月四日

發文電字第2541號

重慶電力公司業務會報

時間 三十四年十月二日正午

地點 本公司會議室

出席 程代總經理 吳總工程師 陶丕顯 張進人 張萬楷

章疇叙 陳景嵐 董主甫 吳克斌 劉佩雄

劉伊九 秦亞雄

主席 程代總經理

一、紅砂磧變壓器燒燬用戶責難無法應付案

決議 1.工務科將燒燬日期及修理情形告知業務科及江北處

2.總務科速購備變壓器油二桶

二、江北城區全日停電收取底度電費受用戶質問案

13

决議　廿一兵工廠發電後江北供給可望改善

三、購買江北傳姓地皮接洽經過案

决議　先調查適當價格再估計房屋造價提請董事會核定

四、變壓器補助費如何收取案

决議　總務科照生產局材料變壓器每KVA價格通知業務科及三辦事處

五、野貓溪方棚燒燬無法供電案

决議　照第一案辦理

六、一三兩廠存煤用盡船運不濟隨即有停電之虞案

决議　約集有關機關說明配購及交不足額情形並迅籌補救辦法

重庆电力股份有限公司一九四五年度业务会报纪录（一九四五年） 0219-2-181、0219-2-120

十月十日
34 收文電字第 261 號
34 發文電字第 2580 號

重慶電力公司業務會報紀錄

時間 三十四年十月九日正午
地點 本公司會議室
出席 程代總經理 吳總工程師 張進人 張萬楷
陳景嵐 吳克斌 李忠雄 劉佩雄 楊新民
宋達金 張儒修 董幸甫 劉伊九
主席 程代總經理
紀錄 張君影

會報事項

一、由總務科將發廠切價通知業務科及三廠事宜

決議 照辦

二、第二廠上半夜負荷過重時時停電辦法案

決議：星期一、二、三晚停第二路，星期四、五、六晚停第四路，星期日晚停第一路

三、有額外軍人員退伍歸來應否追加放續案

決議：緩議

四、大佛寺卅五工廠將本公司所裝35 KVA方棚拆走另行自裝100 KVA方棚案

決議：先由劉主任商洽歸還

五、公司現金週轉極感困難應如何辦理案

決議：積極催收大戶積欠電費

主席 程本臧

12

康彥已閱 十、十二

重庆电力股份有限公司一九四五年度业务会报纪录（一九四五年） 0219-2-181、0219-2-120

重慶電力公司業務會報紀錄

時間 卅四年十月廿三日正午

地點 本公司會議廳

出席 程總經理 黃大庸 劉靜之 張儒修 劉希孟
張進人、秦亞雄 章疇叔 陳景嵐 董辛甫
宋達金 易宗樸 張禹楷 楊新民 劉伊凡

主席 程總經理 紀錄 張君鼎

一、新保押金已登報公告俟收據齊備即開始收取案

決議 照辦

二、電表補助費即停止收取案

決議 照辦并通知有關各科處

三、桿线補助費已收而未施工者用户請求停止用電

時補助費應退還其已施工而未用者扣除折卸工程費用及材料損失費二成餘數應照退案

決議　由業務科簽擬送核

四、八九兩月份食米發清十月份食米應否提取案

決議　應照提發在十一月份薪津内扣款

五、第二廠職員所領薪津之劃線支票取現困難請改發現鈔案

決議　俟下月發薪時再議一面呈財政部請轉飭中央銀行准許公司領取現鈔發給煤力薪水工資

11

存查　十、壹

主席　[illegible]

重庆电力股份有限公司一九四五年度业务会报纪录（一九四五年） 0219-2-181、0219-2-120

中華民國卅四年十一月貳日 發出
收文電字第 286 號
34 發文電字第 24243 號

重慶電力公司業務會報紀錄

時間 三十四年十月三十一日正午

地點 本公司會議廳

出席 程總經理 吳總工程師 張進八 童疇叙 劉希孟
張萬楷 秦亞雄 宋達金 吳克斌 陳景嵐 張儒修
劉佩雄 黃大庸 劉靜之 陶立顯 湯新民

主席 程總經理

紀錄 張君影

會報事項

一、電表補助費停收後用戶自備電表照政府核定押金數額由公司收購其不願照辦者俟公司有電表時再為安裝案

決議　照辦

二、專用變壓器之裝置拆卸改裝遷移等費用應由用户負担案

決議　照辦

三、江北區域在每日下午の時後即停電各工廠紛紛向辦事處請求改善應如何辦理案

決議　請各工廠逕向生產局申請

四、禁止市民使用輕磅燈泡案

決議　呈請市府轉飭警察局辦理

五、大溪溝廠房應加修葺案

決議　由總務科辦理

六、楊社長報告十月份食米已往洽提到後始售未要并說明福利社辦事困難情形案

8

一一〇

一、六兩項議案請
中璧兄錄存
十一、十五

决議 召集福利委員會討論

七、普查電表時請用户股派員參加以利工作案

決議 照辦

八、信義街衛戍部特約米廠竊電案

決議 代辦報裝手續并報市府備案

九、劉主任報告南岸燒燬變壓器八九具挪移[illegible]壓

器以供給野貓溪用電經過案

十、用户欠費數月而又拆表逃走以後個外國訂製電表

重庆电力股份有限公司一九四五年度业务会报纪录（一九四五年） 0219-2-181、0219-2-120

10

時請加劃重慶電力公司數字以資識別而便清查案

決議 照辦

十二、陶科長報告十二月份天府煤增加一千噸又冬季儲煤一千噸費原煤亦需增加案

主席 程本臧

重庆电力股份有限公司一九四五年度业务会报纪录（一九四五年）　0219-2-181、0219-2-120

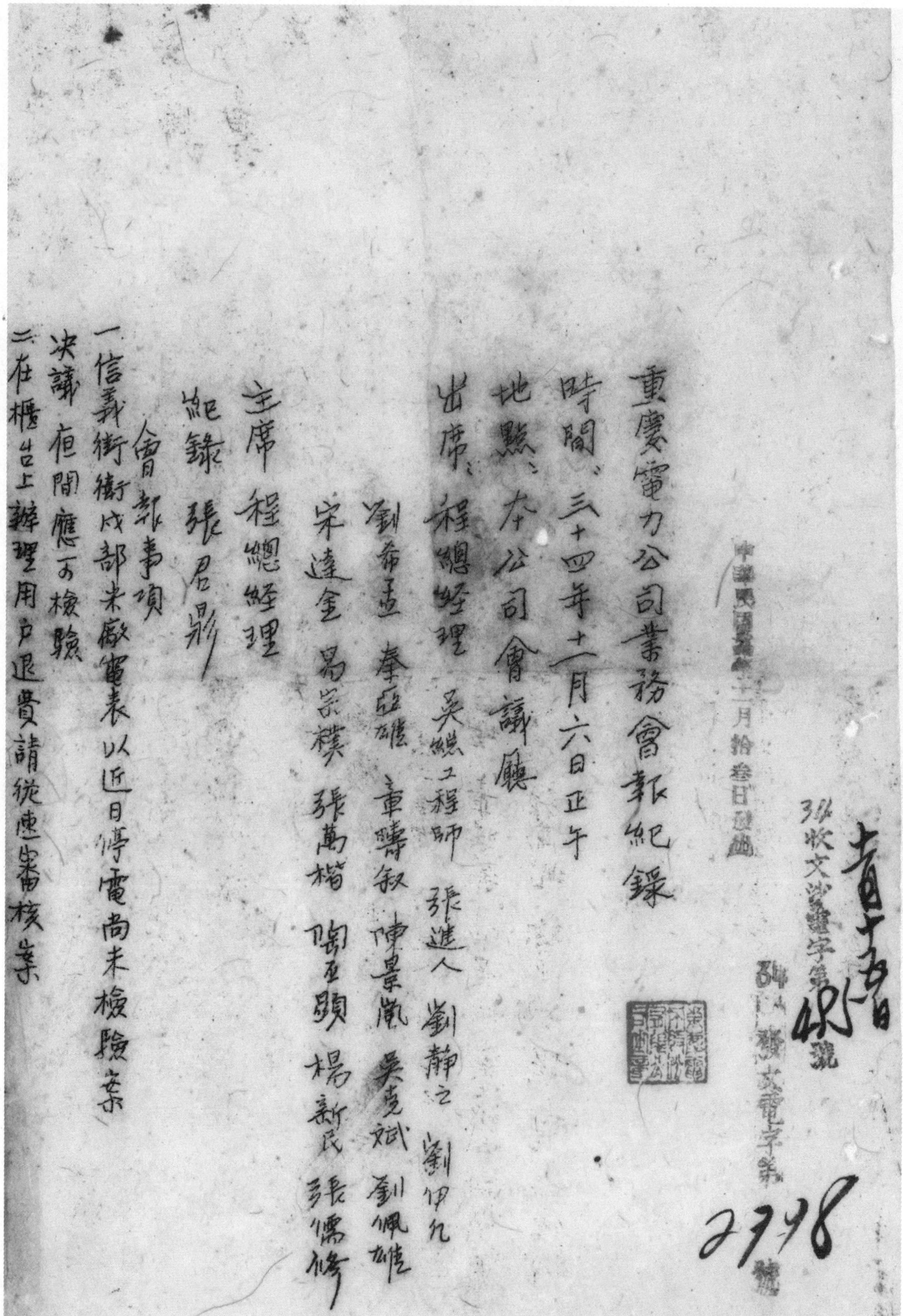
中華民國三十四年十二月拾叁日發出
收文渝電字第　號
發文電字第2348號

重慶電力公司業務會報紀錄
時間、三十四年十二月六日正午
地點、本公司會議廳
出席、程總經理　吳總工程師　張進人　劉靜之　劉伊凡
劉希孟　李應雄　韋疇叙　陳景嵐　吳克斌　劉佩雄
宋達金　易宗模　張萬楷　陶亞頻　楊新民　張儒修
主席　程總經理
紀錄　張君影
會報事項
一、信義街衛戍部來廠電表以近日停電尚未檢驗案
決議　旬間應予檢驗
二、在櫃台上辦理用户退費請從速審核案

決議 原書核人員瑞華退職後尚未覓妥接替人員曾有遲滯現象今後應予改善

三、軍政部第一被服廠欠費六百餘萬元現由市府批准該廠用電應如何辦理案

決議 將欠費情形呈請市府核辦

四、大溪溝唐姓地皮應付中資為數甚鉅如何支付請總經理予以攷慮案

決議 照辦

五、唐姓地皮如何劃分使用案

決議 俟買賣確定後各主管會商決定

六、路灯有竟日開用者應如何辦理案

決議 隨時電話通知工務局第二科

七、軍委會中央情報所竊電案

決議 在電信局及廣播電台內分裝小變壓器各一具取消低壓綫以免竊用

八、白玫瑰及國際舞廳自行添放綫路用電案

決議 剪除

主席 程本臧

8

重庆电力股份有限公司一九四五年度业务会报纪录（一九四五年） 0219-2-181、0219-2-120

存 章

重慶電力公司業務會報紀錄

時間：三十四年十一月十三日正午

地点：本公司會議室

出席：程總經理　吴總工程師　劉靜之
黄大庸　張進人　劉伊凡
秦亞雄　董幸甫　易宗樸
張萬楷　劉希孟　楊新民
宋達金　吴克斌　劉佩雄
陳景嵐　章疇叙

主席：程總經理

紀録：張君鼎

會報事項

一、保押金退費手續办清其收據應附傳票

決議：照办

二、劉主任報告處理海棠溪用户誤會經過案

三、注意選購優良煤觔案

決議：通過

四、向二十四廠貸電轉供案

決議：(甲)貸電損失約百分之二十擬請政府併入煤價調整費計算(乙)應付貸電費用請兵工署就本公司應收各兵工廠電費劃撥轉賬

五、江北稽查處警察局以冬防在迩請供給路灯及用戶電灯案

決議：俟大渡口通電後再議

六、第一廠供電區域除分區輪流停電外如遇臨時須加停時每星期一、二、三停第二路四、五、六停第四路並派工駐新民報館以便管制通遠門令克案

決議：照办並通知有關部份

七、美軍總部出售吉普車每輛美金二百元本公司應向洽購數輛案

決議：照办

中華民國卅四年十二月廿四日發出

渝發文電字第2886號

重慶電力公司業務會報紀錄

時間：三十四年十二月二十日正午

地點：本公司會議廳

出席：程總經理　吳總工程師　劉希孟　劉伊九　劉靜之
易宗樸　章疇叙　宋達金　秦亞雄　陳景嵐
張萬楷　楊新民　董辛甫　吳克斌　任綿德

主席　程總經理

紀錄　張君彬

會報事項

一、第一廠每晚如臨時停電流時每逢星期一、二、三停第二路，四、五、六停伕第四路應登報公告并呈報市府備案

決議　照辦

二、十月份食米即將發清，請庶務股代扣米款，十一月份食米應否繼續提取案

決議 照提照扣

三 福利社應否贈存食鹽轉供員工食用案

決議 先贈存一個月食鹽

四 福利金於本月十五日起改存川康銀行利息照該行放款利率計算案

決議 照議

五 劉社長說明審核股辦理電費票據程序及清查積壓兩天票據經過案

決議 加緊清票核票收費以應開支

六 自來水公司及水泥公司等欠費案

決議 不付費應不負供電之責事關公司生存不宜顧忌應即報請政府設法

主席 程本臧

6

存卷 [illegible]

重庆电力股份有限公司一九四五年度业务会报纪录（一九四五年） 0219-2-181，0219-2-120

重慶電力公司業務會報紀錄

時間：三十四年十一月二十七日正午

地點：本公司會議廳

出席：程總經理 吳總工程師 張進人 張萬楷 劉希孟 劉佩雄 秦亞雄 宋達全 陳景崴 易宗樸 楊新民 吳克斌 董幸甫 伍綿德 劉靜之 劉伊凡

主席 程總經理

紀錄 張君影

會報事項

一、新保押金收據現改用不定額空白單據臨時填寫金額規定用墨水筆及雙面複寫紙複寫三張仍由總務科編號會計科保管登記發票存根及通知單事後送稽核科審核案

決議：照辦並通知有關各部份

5

二、第二厂近日修理锅炉一部需用好煤案

决议 由总务科拨交天府煤

三、南岸办事处请稽核科派员查账案

决议 照办

四、南岸办事处请发角铁等材料以便修理线路及方棚架案

决议 照办

五、福利社请扣四五月份未扣米款案

决议 照扣一面由福利社将扣款原因油印通知被扣款员工

六、整理特园线路案

决议 由工务科派工整理

七、以后领料单应限写一种材料以利登账案

决议 照办并通知各部份

重庆电力股份有限公司一九四五年度业务会报纪录（一九四五年） 0219-2-181，0219-2-120

重慶電力公司業務會報紀錄

時間 三十四年十二月四日正午

地點 本公司會議廳

出席 程總經理 吳總工程師 宋達全 刘希孟 張萬楷 劉佩雄 劉伊九 董莘甫 章曉钦 秦亚雄 陳景嵐 楊新民 伍綿德 刘静之

主席 程總經理

紀錄 張居影

會報事項

一、第二廠引風馬達須送華成修理約壹星期可修竣現向二十兵工廠借用馬達一部撥復供電案

決議 照辦并將購置備用馬達一部請華成估價

二、一三兩廠引風馬達備件已向安利洋行定購尚未交貨請催促交

運來渝案

決議　照辦

三　董科長報告接洽寶源公司地皮經過案

四　會計科速備款提取變壓油十六大桶案

決議　照辦

五　劉科長靜之建議加緊收費工作案

決議　照辦

主席　程本臧

4

存卷　十八

重庆电力股份有限公司一九四五年度业务会报纪录（一九四五年） 0219-2-181，0219-2-120

中華民國卅四年十二月十五日發出

十二月十二

收文字第637號

3010

重慶電力公司業務會報紀錄

時間、卅四年十二月十一日下午

地點、本公司會議廳

出席 程總經理 吳總工程師 張萬楷 刘希孟 秦亞雄

童疇叔 鄒伊凡 陳景嵐 刘佩雄 吳克斌

董辛甫 劉靜之

主席 程總經理

紀錄 張震昭

一、第二廠劉主任報告引風馬達已修好，所借二十一廠馬達一部

會報告處

已送還案

二、卅四年度考績案

決議：由人事股擬具辦法提會討論

三、討論如何收取自來水公司欠費案

决议：照办

四、以后催收用户欠费案

决议：由业务组长督促收费员人员加紧催收，其有拖欠日久者列表报由经理室设法清理

主席　程本臧

存卷

重庆电力股份有限公司一九四五年度业务会报纪录（一九四五年） 0219-2-181，0219-2-120

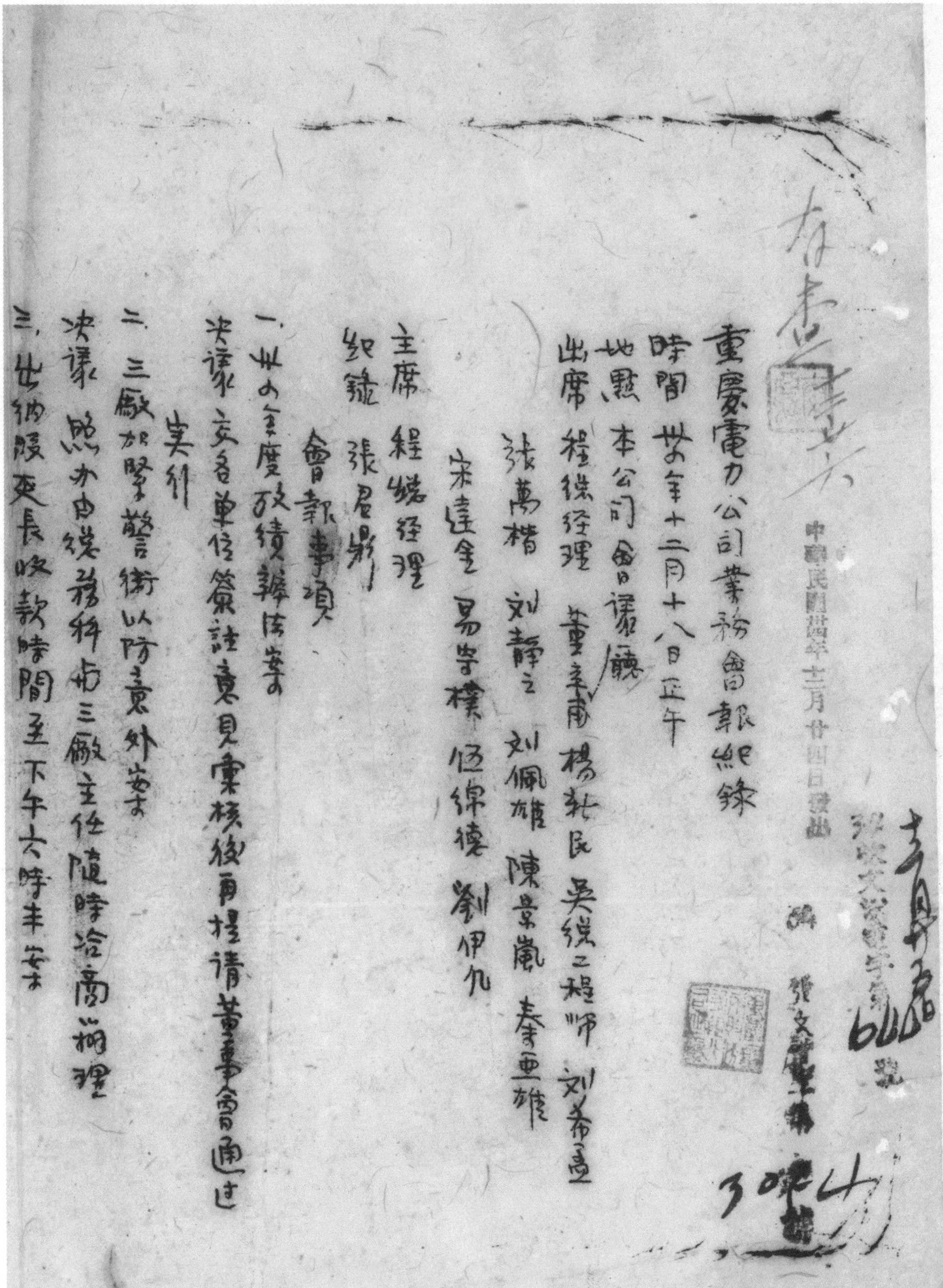

重慶電力公司業務會報紀錄

中華民國卅四年十二月廿四日發出

時間 卅四年十二月十八日正午

地點 本公司會議廳

出席 程總經理 董彥甫 楊執民 吳總工程師 劉希孟 張萬楷 劉靜之 劉佩雄 陳景嵐 秦西雄 宋達全 易宗模 伍綿德 劉伊九

主席 程總經理

紀錄 張君影

會報事項

一、卅五年度攷績辦法案

決議：交各單位簽註意見彙核後再提請董事會通過實行

二、三廠加緊警衛以防意外案

決議：照辦由總務科函三廠主任隨時洽商辦理

三、出納股更長收款時間至下午六時半案

存查

重庆电力股份有限公司一九四五年度业务会报纪录（一九四五年） 0219-2-181、0219-2-120

2

决议：照办

四、審核股提前審核電費票據案

决議：照办并以一天核完為原則

五、上月份煤價調整費票據應提速製票收費案

决議：照办

六、新加保押金應提速办理案

决議：照办人手不敷可暫借調

主席 程本臧

重庆电力股份有限公司一九四五年度业务会报纪录（一九四五年） 0219-2-181、0219-2-120

重慶電力公司業務會報紀錄

時間 三十四年十二月廿五日正午

地點 本公司會議廳

出席 程總經理 吳總工程師 易宗樸 劉希孟 秦亞雄 童疇叙 張萬禧 劉靜之 劉佩雄 陳景暢 董吉甫 宋達金 吳克斌 劉伯凡

主席 程總經理

紀錄 張君鼎

會報事項

一、伺基準情因地變作一廠工友搭蓋房屋應如何規劃案

決議 由總務科擬定辦法由工務科依照辦理

二、大溪溝綫生應加訓練案

決議 由總務科予以甄別加以訓練

三、據查鈌廠每月祇用電三四月而新保押金達六百餘萬元應否退還案

决議照收

四、五十廠停機須由公司供電案

决議由劉主任前宋科長洽商辦理

五、董科長報告加强各廠警衛經過情形案

六、各單位對于考績意見請速簽注送還案

决議 下星期二以前交還

七、陳科長報告開始收取保押金及近日收費情形案

主席 程本臧

存

十一、廿七

存

重慶電力公司業務會報紀錄

時間 三十五年一月八日正午

地點 本公司會議廳

出席 程總經理 吳總工程師 傅綿德 刘希孟 張謙儕
秦亞雄 張蔚樵 陳曉嵐 童曉叙 劉佩雄
楊新民 宋遠金 吳克斌 劉靜之 劉伊凡
易宗模 董萃甫

主席 程總經理 紀錄 張君鼎

會報事項

一、豫豐紗廠請減少用電量至二百匹馬力更換較小電表減付新保押金差額案

決議：照辦

二、南岸家沱辦事處請派材料員案

電力公司收文 年 月九日

35 發文電字第 38 號

重庆电力股份有限公司一九四六年度业务会报纪录（一九四六年） 0219-2-166

决議 由處調員暫代

三、五十廠借用十陶借貸方棚由該廠供給本公司方棚油三大桶案

決議 照辦

四、新蜀報自行移表後催收欠費案

決議 由業務科簽報經理室

五、攷績由處已公佈各單位攷績表，定於本月底簽呈經理室案

決議 照辦

六、自今年一月份加班事姑應[illegible]費案

決議 提請董事會決定

七、唐姓地皮今日接收當付一千萬元，月半付八百萬元，各佃戶限一个月搬遷，尚有地皮一幅約五十方丈，與所購地皮相連，擬一併出售，索價一百五十萬元，應如何辦理案

決議 減價可買

八、向外商洽詢物料價目以便購買案

決議 照辦

37

主席 程本臧

程本臧

重庆电力股份有限公司一九四六年度业务会报纪录（一九四六年） 0219-2-166

重慶電力公司業務會報紀錄

時間 卅五年一月十五日正午

地點 本公司會議廳

出席 程總經理 吴總工程師 張万楷 刘希孟 秦亜雄

章晴叙 陳景崴 汪錦德 吴克斌 刘佩雄

董季甫 黄大庸 宋達全 易宗模 曾昭九

主席 程總經理 紀錄 張惠鼎

會報事項

一、華安宏原電一廠煤斤多應如何辦理案

決議 (一)今後受擁天府煤至二廠不接華安宏原電一之煤

(二)已到河边之煤卅大船立即起入煤棧

(三)由公司正式通知華安宏原電一次不改要煤須拒絕收

煤本公司不負任何責任

36

二、唐姓地皮如何規劃建房案
決議 甲、牆外空地准由水廠徵用，地上人員先行搭屋居住
乙、現有空房准在第一廠工作人員暫時居住
丙、請吳總工程師、黃科長、劉科長、董科長負責計劃永久建築
三、擬定加班津貼規則案
決議 由總務科擬定，其原則如下
甲、在辦公時間內不能完畢之工作而必須辦完者及臨時發生之事件而必須處理者方得加班
乙、所有加班工作必須事前請求總經理核准
四、本月廿五日以前有關各部門應將決算資料送交會計科以便辦理決算案
決議 通過
五、廠庫存煤甚多，無法整存，擬照往年整頓比率辦理案
決議 照辦
六、陳歷年前差額大億元，請業務科催速收費案
決議 照辦，業務核賬加速營收票據
七、民食供應，取消公糧，員工食米改照四斗發給代金案
決議 由福利社調查公糧及中糧公司與市上米價，採取平均價計算

主席 程本臧

重庆电力股份有限公司一九四六年度业务会报纪录（一九四六年） 0219-2-166

重慶電力公司業務會報紀錄

中華民國卅五年貳月拾六日發出

時間：三十五年二月十二日正午

地點：本公司會議廳

出席：吳代總經理 劉主任秘書 黃大庸 陳景崴
易宗樸 張進人 章騰歙 刘希孟 張萬楷
董事甫 楊新民 刘静之 任錦鎰 劉伯凡

主席 吳代總經理

紀錄 張君鼎

會報事項

一、不在第一廠內辦公之員工不得在唐家沱地皮上搭建房屋案

決議：通過

二、福利社存米定期於本月二十日前售與本公司同仁，每人限購一斗，逾期不購者得將存米自由處理案

決議：照辦

三、董秘長提議請將考績表從速填送總經理室案

決議：照原議

四、刘澤民、金克樓、周公臣等七人年終獎金應否發給案

決議：俟劉董事長回渝請示決定

五、增加三辦事處及用戶股業務週轉金案

決議：增加為五萬元

主席 吳錫瀛

219

重庆电力股份有限公司一九四六年度业务会报纪录（一九四六年）　0219-2-166

存

35收文雷字第257號

重慶電力公司業務會報紀錄

時間　三十五年二月十九日正午

地點　本公司會議廳

出席　吳代總經理　伍綿德　劉靜之　劉希孟

張夢楷　秦亞雄　章疇叙　陳景嵐

劉伊凡　張進人　楊新民　黃大庸

董辛甫　易宗樸

主席　吳代總經理

紀錄　張君鼎

會報事項

一、張科長報告工務局邀請商談警局欠付電費經過情形案

34

二、江北办事处石棚杆风化将圮请派员查勘修复案

决议 派员查勘总务科办理

三、第三厂请改善卫生医药设备案

决议 请福利社杨主任拟定医药管理办法由总经理核定实行

四、新年期间积压电费票据之票据审核收费等工作应予注意疏通以免积压过多影响收入案

决议 各主管随时督促办理

主席 吴锡瀛

重慶電力公司業務會報紀錄

時間　三十五年二月二十六日正午

地點　本公司會議廳

出席　吳總經理　何錦標　董宗南　劉靜之

劉伊凡　楊楚民　劉希孟　秦西雄

陳景彪　張萬楷　車時叙　張進人

黄大庸

主席　吳總經理　　紀錄　張君鼎

會報事項

一、大溪溝倉庫存米定於二月底由福利社稽核科派員啟封拍賣案

決議　照辦　發出米票尚未抵米者可照原繳金額退回米款　已領米而未扣米款者由福利社查明通知庶

重庆电力股份有限公司一九四六年度业务会报纪录（一九四六年） 0219-2-166

33

務股照扣
二 三廠耗煤太多請加撥天府煤案
決議 多配運天府煤
三 請求政府准許開放裝表案
決議 照办未核准前作事實上之開放
四 許多機關將電表私行頂打又請求公司重為裝表案
決議 請原機關追回電表再為安裝

主席 吴錫瀛

存

重慶電力公司業務會報紀錄

時間 三十五年三月五日正午

地點 本公司會議廳

出席 吳代總經理 宋達全 易崇樸 張進入 劉佩雄
張儒修 劉伊凡 童疇叙 張萬楷 劉希孟
陳景嵐 秦西雄 黃大庸 劉靜之 楊新民

主席 吳代總經理

紀錄 張君影

會報事項

一、第一廠各房房頂應加以修理案

決議 比較石綿瓦 洋瓦 竹瓦費用及耐用性加以選擇

二、最近燒燬電表數百個應如何辦理案

決議 申將可修電表加以修理 並買新表補充 丙用之燒燬電

表費成月户賠表如不照賠即予停止供電登報公告

并呈請市府備查

三 南岸二廠二十一廠材料庫用電電費由公司通知五十廠次月在該

廠應收公司備電之費内扣除案

決議 照办

四 南办處請用電檢查組派員前往所轄區域内檢查偷電案

決議 照办

五 速購避雷器等材料案

決議 除託生産局代向外國定購外另再直接向國外訂購

六 由公司派員主持拍賣電一煤廠存放煤洞前存煤并擇用則

洵已採購煤同時予以解決案

決議 照办

七 今後医藥事務改由福利社管理由公司按月津貼福利社医藥費

若干案

決議 俟程總經理回渝核办

八 自下星期各部主管分户賬人員分别到會計科對賬案

決議 照办

主席 吴錫瀛

重庆电力股份有限公司一九四六年度业务会报纪录（一九四六年）　0219-2-166

35發文電字第400號

中華民國卅五年叁月拾八日發出

重慶電力公司業務會報紀錄

時間　三十五年三月十二日正午

地點　本公司會議廳

出席　程總經理　刘希孟　張萬楷　楊新民　宋達全

伍錦德　刘静云　劉伊凡　劉佩雄　易宗樸

黄大庸　秦亞雄　張儒修　張進人　陳景嵐

章賜叙

主席　程總經理

紀錄　張君鼎

會報事項

一、鵝公岩廠星期日交通車應否繼續開行案

決議　本星期日暫行停開，向公共汽車管理處交涉購買換票證，星期日為公司加開一班

二、大溪溝存米一百餘石，由福利社會同稽核科派員拍賣案

31

决议 从速办理

三、职工子女教育贷金自四月份起至七月份止由福利社按月扣还案

决议 照办

四、第一厂宿舍房屋如何修理案

决议 由工估计由经理室核定

五、第一厂杉木侧房屋案

决议 由总务科张科长与易科长决定如何修理后再报核

主席 潘昌猷

重庆电力股份有限公司一九四六年度业务会报纪录（一九四六年） 0219-2-166

中華民國卅五年叁月廿日發出 35社文電字第416號

重慶電力公司業務會報紀錄

時間 三十五年三月十九日正午

地點 本公司會議廳

出席 程總經理 劉靜之 易宗樸 伍綿德 劉伯九 劉希孟 傅景嵐 劉佩雄 秦亞雄 童疇叔 張進人 張儒修

主席 程總經理

紀錄 張君鼎

討論事項

一 第一廠工人二十一家遷往唐姓地皮上居住案

決議 每家准借用地皮一丈寬一丈六尺深自行搭蓋簡單房屋 雖聽其不得轉讓頂打 公司需用地皮時應隨即拆卸歸還 由總務科擬定借用地皮文約簽字後方准搭蓋

30

二、售出地皮上尚有人居住，應促其從速搬遷案

決議：准請搬家

三、職工宿舍應由福利社籌劃案

決議：照辦

四、材料股應將用戶材料重新估價，以便收取材料補助費案

決議：照辦

五、與政府磋商增加停電次數公開安裝電表案

決議：照辦，交業務處登報公告

六、用戶違繳電表第一次賠費，復犯第二次停止供電，報請市府備案并登報公告案

決議：照辦

主席 [illegible]

重庆电力股份有限公司一九四六年度业务会报纪录（一九四六年） 0219-2-166

重庆电力股份有限公司一九四六年度业务会报纪录（一九四六年） 0219-2-166

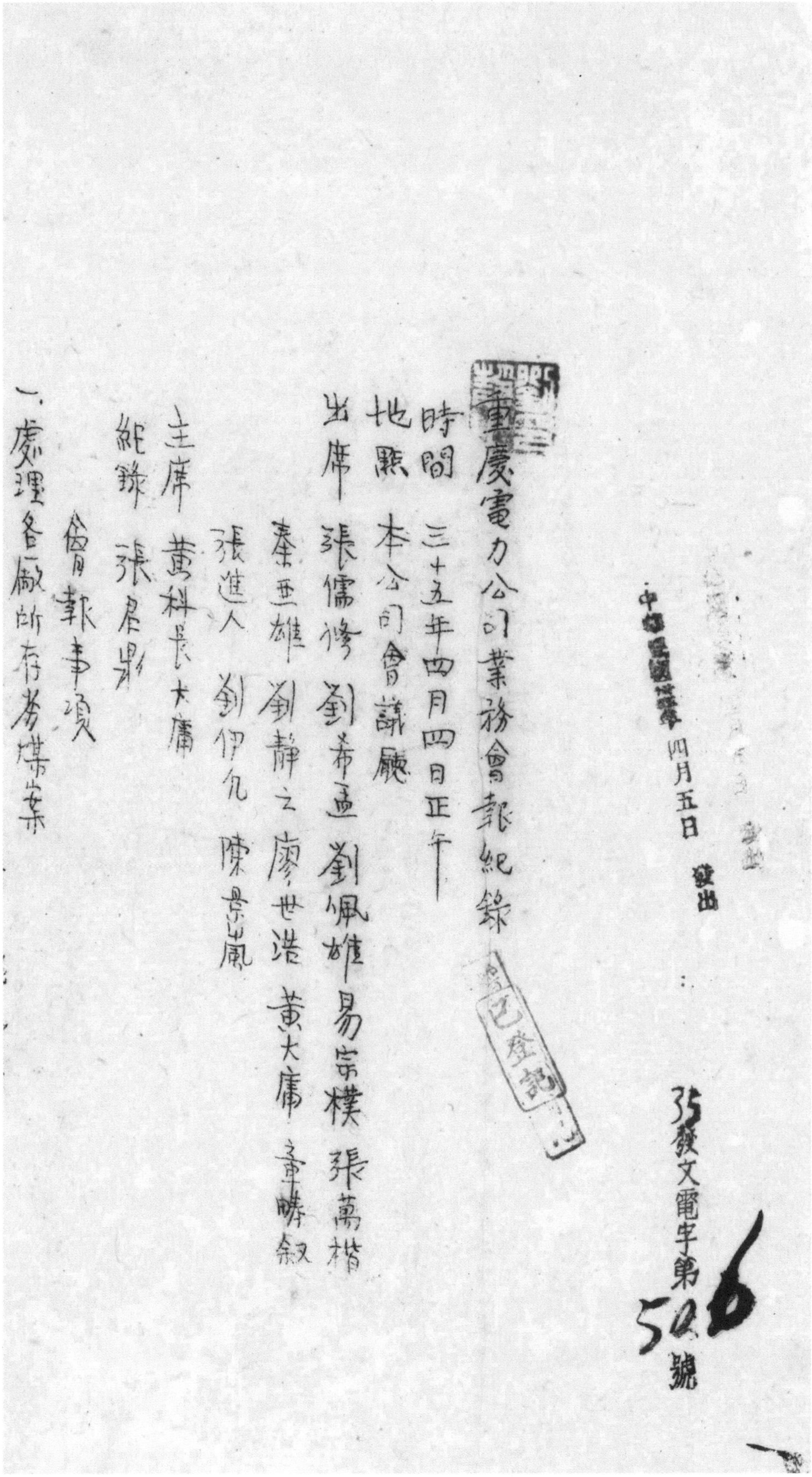

中華民國卅五年 四月五日 發出

35發文電字第506號

已登記

重慶電力公司業務會報紀錄

時間 三十五年四月四日正午

地點 本公司會議廳

出席 張儒修 劉希孟 劉佩雄 易宗樸 張萬楷

秦亞雄 劉靜之 廖世浩 黃大庸 章畴叙

張進人 劉伊凡 陳景嵐

主席 黃科長大庸

紀錄 張君影

會報事項

一、處理各廠所存廢煤案

重庆电力股份有限公司一九四六年度业务会报纪录（一九四六年） 0219-2-166

21

決議 (一) 选煤工人暫緩裁撤儘量挑选燒用
(二) 函詢二十四廠願否購買本公司存煤
二、三廠事處請設医務人員案
決議 由福利委員會計劃統籌辦理
三、加强医藥管理案
決議 (一) 該病者應加蓋科長或廠處主任私章
(二) 因公受傷非本公司医師所能治療者經医師証明
事前簽請核准得在指定以外之處治療 非因
公者不在此例
四、上半月工資如何发放案
決議 在本星期內发清

主席 黄大庸

重慶電力公司業務會報紀錄

時間：三十五年四月九日正午

地點：本公司會議廳

出席：程總經理　吳總工程師　劉靜之　劉伊凡　陳景風

張進人　張儒修　張萬楷　劉希孟　易宗樸

黃大庸

主席：程總經理　紀錄：張君鼎

會報事項

一、第二廠上半夜電壓僅達三千二百伏，擬增加輪流停電次數以維機爐安全案

決議：除五福宮電話局等處每星期停電一次外，其餘各處每星期停電二次，俟與市府商定實行

二、吳德銘病假期中所遺工作如何排勤案

28

決議：由總經理室核定

三、張科長報告區部各機關工廠欠付電費催收困難呆帳不免增加應如何辦理案

決議：加緊催收

四、出售交通車卡車各一部增購吉普車案

決議：(一)先購吉普車三部再行出售卡車

(二)交通車停開

(三)修訂汽車管理規則

五、第一廠修理廠房案

決議：由前日開標所定廠家承包

六、整理線路案

決議：由工務科計劃實施

主席 [illegible]

重庆电力股份有限公司一九四六年度业务会报纪录（一九四六年） 0219-2-166

重慶電力公司業務會報紀錄

時間　三十五年四月十六日正午

地點　本公司會議廳

出席　程總經理　吳總工程師　張進人　廖世浩
秦亞雄　劉希孟　陳景崗　張萬楷　劉伯九
張儒修　楊新民　黃大庸　劉靜之　章疇叙

主席　程總經理　紀錄　張君影

會報事項

一、職工住宅用電向係免費但如係住宅而兼營商業者應否裝表付費案

決議　應照普通用戶裝表付費

二、公司缺乏電表用戶燒壞電表者應自備電表賠償方能復火案

重庆电力股份有限公司一九四六年度业务会报纪录（一九四六年） 0219-2-166

27

決議　照辦，一面登報公告，一面由業務科開单向國外定購電表

三、黃桷渡方棚自去年九月三日被燬後尚未復電應如何辦理案

決議　已有150KVA方棚一具，俟方棚油購到即予裝復

四、南岸辦事處請換領担挑材料以便于兩月內將所轄綫路整理完竣案

決議　照辦

五、城內綫路行將整理完竣，惟新市區域尚無高壓綫設備，亟應設置案

決議　由工務科暫予計劃

六、欠費廠家有將電表撤走者應如何辦理案

決議　(1)隨時注意

(2)由業務科擬定增收保押金辦法呈請政府准行

七、難於收取之電費由稽核科派員協助收取案

決議　由業務科與稽核科商定實行辦法

八、關于煤價調整費之各項紀錄有關各部門應於每月一日交到經理室俾可提早送核案

決議　照辦

主席　[signature]

存

中華民國卅五年四月廿五日發出

已登記

重慶電力公司業務會報紀錄

時間 三十五年四月廿三日正午

地點 本公司會議廳

出席 程總經理 吳總工程師 張進人 劉靜之 黄大庸
廖世浩 劉佩雄 陳景崗 劉希孟 張萬楷
章際叙 秦亞雄 劉伯元 易宗樸 張儒修

主席 程總經理 紀錄 張君羽

會報事項

一、增加用電保押金辦法由業務科速擬送核案

決議 照办

二、轉手收取之電費由業務稽核兩科商定辦法實行案

決議 照办

三、由稽核科辦理之支票退票事宜自五月一日起實行案

決議 照办

35 發文電字第 658 號

重庆电力股份有限公司一九四六年度业务会报纪录（一九四六年） 0219-2-166

26

四、各单位向會計科懸欠帳款由會計科分别通知了了以了結案
決議：照办
五、各单位備用金已经動用者應檢附单據報銷以便隨時補足数額案
決議：照办
六、總務科所屬各单位向會計科支領款項按月開具對帳单交會計科查對以期確实案
決議：照办
七、關於會報決定事項應以何推動案
決議：1、會報紀錄後面註明某項由何部負責人办理
2、每次會報時应讀上次紀錄及有關部份應說明办理情形或结果
3、紀錄稿由各科長會章後付印

26-1

八、汽车修理工作改由第二厂修配股办理案

决议：照办

九、磁器口石桥铺南坪场请求供电应如何办理案

决议：以在高压电线终点计度收费为原则，低压方面可由当地人士自行组织机构与公司订约办理，仍受公司监督指导，并须照公司章程担任供电之工程设备（包含变压器等）干线补助费70%

主席 程本臧

重庆电力股份有限公司一九四六年度业务会报纪录（一九四六年） 0219-2-166

中華民國卅五年五月壹日 發出

重慶電力公司業務會報紀錄

時間：三十五年四月卅日正午

地點：本公司會議廳

出席：程總經理 吳總工程師 黃大庸 廖世岱 劉佩雄 童曉叙 陳景嵐 劉希孟 易宗模 張儒修 劉靜之

主席：程總經理 紀錄：張君鼎

會報事項

一、用戶以他人支票交付電費時應請用戶背書案

決議：照辦

二、四月份前之退票仍交稽核科催收，以其中有非用戶所付支票應報請經理室追詰并從嚴懲處案

決議：照辦

三、材料室帳上增加借入及借出材料科目案

決議：照辦

四、楊青村新昌兩家地[illegible]不擬應以何對付案

照辦 呈

轉呈董事長 [illegible]

680

重庆电力股份有限公司一九四六年度业务会报纪录（一九四六年） 0219-2-166

25

決議 (一)請律師代表公司致函該佃户限两星期内搬遷
(二)請劉静之工程司設計裝修請領執照
(五)中國興業公司請求西南村一部份電表案
決議 應請償清舊欠方能用電
(六)本市承裝工會向公司請求三点(一)報装单由工會加蓋圖
章(二)用户電表西移須通知承装工會承办(三)方棚負
有情形通知工會應如何办理案
決議 由業務科營業股出席報告請經理呈核答覆
(七)海防損失鍋炉材料關于向法政府要求賠償應如何办理案
決議 請易科長詢明手續

主席 程[illegible]

稽核科

中華民國卅五年五月拾日發出

35 秘文電字第 744 號

已登記

重慶電力公司業務會報紀錄

時間　卅五年五月七日上午

地點　本公司會議廳

出席　程總經理　吳總工程師　張儒脩
　　　劉靜之　陳幸嵐　宋達金
　　　劉佩森　劉立蕃　易宇模
　　　章曉敷　秦證雄　張禹楷

主席　程總經理

紀錄　張君鼎

會報事項：

一、在石橋鋪等地躉售商廈電流應擬定營業章程以資遵守案

決議：應再加研討

重庆电力股份有限公司一九四六年度业务会报纪录（一九四六年）　0219-2-166

28

二、林森路六棚洗段應派員清查竊電户及超用電力案

決議：由取締組派員查勘

三、誠賓山莊防空洞内所存文件應速搬移案

決議：(一)暫移民國路

(二)在都郵街建築簡單保險庫房

四、聯合經濟研究室函詢本公司需要何種參考及資料及是否有業務上或技術上之問題須由該室代為研討案

決議：各部份如須參考資料及應研討問題應於下週會報前送總務科彙核。

五、審核電費票據之作改由業務科辦理改票銷票之作應由何科辦理之案

28-1

决议：仍由制票股办理，改票销票底根存票据股，正副票连表報送稽核科审查封存，办事细则由经理室通知有关科股。

六、改订办公文件领發办法案

决议：由总务科拟定原则有：

(一)取消定量分配

(二)视职务核定品类数量

(三)以旧换新

(四)若干物品应由各单位具领

(五)制订發领用物品手册

主席 [illegible]

重庆电力股份有限公司一九四六年度业务会报纪录（一九四六年） 0219-2-166

重庆电力股份有限公司一九四六年度业务会报纪录（一九四六年） 0219-2-166

存

重慶電力公司業務會報紀錄

時間　三十五年五月廿一日正午

地點　本公司會議廳

出席　程總經理　吳總工程師　劉靜之　廖華浩

秦亞雄　陳景鳳　易宗模　張兼楷　張遐

人　黃大庸　劉伊凡

主席　程總經理

紀錄　張君鼎

會報事項

一、撤表尾度電費較繳存押金金額甚小不足以抵補尾度電費應請增加保押金欠費離渝之用戶應查明去处繼續追收并登報公告案

決議：呈請主管機關准予增加保押金尚未奉

重庆电力股份有限公司一九四六年度业务会报纪录（一九四六年） 0219-2-166

25

核准照办。

二、社会局转来承装工会提出要求数项应如何答复案

决议：除公司员工不能直接经营承装电气设备之一项外，余应拒绝，分别向社会、公用两局陈明，特别于法令有关事项请兼顾。

三、学徒改为见习生及所领月资应比照薪级表级数核定案。

决议：照办。

四、各厂处科技工名额应有规定案。

决议：由总工程师召集各主管会商决定名额报核。

五、审议学徒管理规则案

决议：各主管应于本星期六前交与吴总工程师，定下星期二上午开会讨论。

主席 [illegible]

中华民国卅五年 五月 廿叁日发出

重慶電力公司業務會報紀錄

時間 卅五年五月廿八日正午

地點 本公司會議廳

出席 程總經理 吳總工程師 張儒脩 廖垚浩 張進人 秦亞雄 陳景蘭 章曉叙 張禹楷 劉佩雄 楊新民 黃大庸 易宇模 宋達金 劉希孟 劉靜之

主席 程總經理

紀錄 張君鼎

重庆电力股份有限公司一九四六年度业务会报纪录（一九四六年） 0219-2-166

22

會報事項

一、往在本公司眉社之員之权股另貽為撥已久茲以人事變遷應重加清理以昭確實案

決議：照辦

二、中國興業公司函請清理欠費案

決議：由業務科簽報

三、張科長報告中渝鐵務公司欠費經過情形案

四、連接廿四廠新線路之程應另立賬戶以便根據加入標價調整費案

決議：照辦

主席

中華民國[illegible]五月十九日[illegible]

重慶電力公司業務會報紀錄

時間 三十五年六月十一日上午

地點 本公司會議廳

出席 程總經理 吳總工程師 張進人 廖世浩 楊新民 秦威雄 劉佩雄 劉伊凡 宋達全 張萬楷 劉希孟 章曉叙 易宗樸 張儒脩 陳崇鳳 黃大庸

主席 程總經理

紀錄 張君鼎

重庆电力股份有限公司一九四六年度业务会报纪录（一九四六年） 0219-2-166

21

會議事項

一、增加電費保証金已獲經濟部批准應如何收取案

決議 一、照用戶用電量收取兩個月電費、二、積極準備各項單據賬冊，于進於七月間開始收取

三、現行用電保証金可不推收其新保証金併案辦理

二、二廠請修理木船案

決議 從速辦理

三、磁器口區公所函請在磁器口供電案

決議 復請該公所逕向公用局申請

四、修理大溪溝辦公室冷水塔案

決議 請基泰工程師派員查勘估價以不重建為原則

五、程總經理報告與電一煤廠承租人周則澗商談結束煤廠辦法案

六、用戶股請撥卡車應用案

決議 舊車修竣撥交使用

主席 （簽名）

中華民國卅五年六月拾貳日發出

重慶電力公司業務会報紀錄

時間 三十五年六月十八日正午

地點 本公司会議廳

出席 程總經理 吳總工程師 劉靜之 廖世浩
楊新民 宋達全 秦亞雄 劉伊凡
張進人 張萬楷 劉希孟 黄大庸
易宗樸 張儒修 陳景崗 章晴叙

主席 程總經理

紀錄 張君鼎

會報事項

一、航委會器材總庫欠費二百餘萬應如何辦理案

決議 一、分函航委会及用電机關請予照付

二、方棚停電

三、派憲兵会同沙坪壩办事处派工撤表

二、中央工業試驗所欠費一千餘萬案

決議 催收無結果公司函電催詳結付

主席 程

中華民國卅五年六月拾九日發出

重庆电力股份有限公司一九四六年度业务会报纪录（一九四六年） 0219-2-166

35發文範字第1044號

重慶電力公司業務會報紀錄

時間 卅五年六月廿五日上午

地點 本公司会議廳

出席 程總經理 張進人 康世浩 劉伊凡

吳總工程师 楊新民 張儒修 黄大庸

陳景嵐 劉佩雄 劉希孟 秦盈雄

易宗模 張萬樹

主席 程總經理

紀錄 張君鼎

會報事項

一、董監及職工用電自本年七月份起按目彙製總表轉賬，不另製票案

14

決議 照办

二、各办事處經手賬目應即清結并增加备用金案

決議 照辦

三、南办處請修理分處站房屋案

決議 照修理

四、南坪場供電案

決議 1.利用前美軍總部電台方棚供電充收補助費

2.低压线路照收补助费

3.用户應分别向公用局申請核准後再办手续

主席 [illegible]

中華民國卅五年 六月廿八日發出

傅观後 存 吉一

重庆电力股份有限公司一九四六年度业务会报纪录（一九四六年） 0219-2-166

存 七の

重慶電力公司業務會報紀錄

時間 卅五年〤月二日下午

地點 本公司會議廳

出席 程總經理 吳總工程師 易宗模 秦丞雄 黄大庸 張萬楷 張儒修 劉希孟 劉佩雄 陳志嵐 劉伊凡 宋達金 章畴叙 張進人

主席 程總經理

紀錄 張君鼎

18

會報事項

一、一年以前新華日報請在化龍橋增加用電設備繳付桿綫補助費一百餘万元迄未施工現該報不擬用電請求退費但前給之桿綫補助費收據遺失應如何辦理案

決議：由該報具函聲明遺失收據并出收據未領准其退費

二、工人二名在大樑子拉桿高壓保險之際被人毆打案

決議：呈請政府懲办兇手以後不得已停電時拉開令克不停方棚以免發生不幸事情並將此办法用經理室名義通知各單位

三、增加保押金何日收取案

決議：俟用户分户賬印就本月半開始收取

主席 程本臧

中華民國卅五年七月叁日 發出

存七、廿

重慶電力公司業務會報紀錄

時間　三十五年七月九日上午

地點　本公司會議廳

出席　程總經理　吳總工程師　康世港　劉佩雄
陳景崗　秦恩雄　劉希孟　李疇叙
張儒修　張進人　易宗樸

主席　程總經理

紀錄　張君勗

重庆电力股份有限公司一九四六年度业务会报纪录（一九四六年）　0219-2-166

重庆电力股份有限公司一九四六年度业务会报纪录（一九四六年） 0219-2-166

17

會報事項

一、增收電費保証金先從城區開始案

決議：用戶股及三办事處對於新戶遷移過戶三种已照新保證金額收取，對於舊戶先從城區办起

二、新運會請求裝表供電并照特價計費案

決議：新運会及租戶應分別裝表，新運小學可照特價收費

三、抄表人員抄表时勿將電表封誌損壞案

決議：告抄表人員注意

主席 [illegible]

中華民國卅五年十一月拾日 發出

重庆电力股份有限公司一九四六年度业务会报纪录（一九四六年） 0219-2-166

重慶電力公司業務會報紀錄

時間：三十五年七月二十三日正午

地點：本公司會議廳

出席人 程總經理 易宗模 劉希孟

廖世浩 秦西雄 陳景嵐

劉佩雄 張進人 韋疇叙

劉伊九 張儒脩 宋達金

主席 程總經理

紀錄 張君鼎

16

會報事項

一、復華通煤礦公司請延長高壓线路兩公里案

決議：緩辦

二、工友請照上月數字發給工津案

決議：准其預支年終獎金其數額以六七兩月份工津差額為限（百元以下不計）加工不計仍照發給工津向例分兩次發給

三、寶源煤價增加應如何辦理案

決議：由公司備函寶源請其注意

主席 [illegible]

中華民國卅五年七月廿四日發出

重庆电力股份有限公司一九四六年度业务会报纪录（一九四六年） 0219-2-166

15

35發文電字第1329

重慶電力公司業務會報紀錄

時間 三十五年七月三十日正午

地點 本公司會議廳

出席 程總經理 吳總工程師 廖世浩
陳景嵐 劉佩雄 易宗樸
秦亞雄 章疇叙 張進人
黃大庸 張儒修

主席 程總經理

紀錄 張君鼎

會報事項

一、接户线亟應整頓請在當地收購接户材料案

決議：擇要酌購

二、兜子背過江鉄塔曾中彈片應加修理油漆案

決議：照辦

三、南岸木桿角鉄使用逾十一二年應予更換案

決議：照辦

四、業務科及三辦處稽核科應經常派員查核保押金及收費股賬目案

決議：照辦

五、檢查水塔案

決議：明日請土木工程師前往第一三廠檢查

主席 [illegible]

中華民國卅五年 七月 拾壹日發出

重庆电力股份有限公司一九四六年度业务会报纪录（一九四六年） 0219-2-166

存

重慶電力公司業務會報紀錄

時間　三十五年八月六日正午

地点　本公司會議廳

出席人　程總經理　吳總工程師　劉希益
　　　　吕宗璞　黃大庸　廖少諧
　　　　劉伊雄　陳京嵐　劉伯九
　　　　韋曉叙　秦亞雄　張玠
　　　　閻倬雲

主席　程總經理

紀錄　張君昂

會報事項

一、二廠劣煤二千餘噸不易燃燒，修理鍋炉期間請撥用好煤濟用案

決議：照辦

重庆电力股份有限公司一九四六年度业务会报纪录（一九四六年）　0219-2-166

18

二、電一煤廠上足應交之煤後有拒絶收煤案

決議：照辦

三、鍋炉工多患肺病應如何辦理案

決議：由工務科擬具補救辦法

四、三办事處及用户办理新核定用電保証金即日起應

於正收據上及通知單並存根上分別加蓋新發規定圖

章以資識別案

決議：照辦

五、廿處一小工患神經病應如何办理案

決議：强令退休

六、煤價調整費最好於每月五日前發表若遲至十日

發表則有數區電費不能一次製票案

決議：請公用局提前核定

主席

中華民國卅五年六月八日 發出

重庆电力股份有限公司一九四六年度业务会报纪录（一九四六年） 0219-2-166

密

呈查

已登記

重慶電力公司業務會報紀錄

時間：三十五年八月十三日正午

地點：本公司會議廳

出席 程總經理 吳總工程師 易宗樸

劉伊凡 劉佩雄 章晴叙

秦無雄 黃大庸 陳景嵐

闞偉雲 張進人 廖嵩潛

主席 程總經理

紀錄 張君鼎

會報事項

一、目前當兩南岸一方棚被燬，應加裝避雷器及趕修方棚案

決議：交由生產局訂購之避雷器已到上海，函催經濟部器材

發文電字第 1427 號

15

總庫速告設法運渝

二、已燬方棚交商包修

二、新設用戶保證金畸零數在百位以下者不計案

決議：照辦

三、調整接戶材料單價案

決議：應隨時調整通知材料股照辦

四、以後方棚被燬或其他特殊原因停電由工務科或三廠等處隨時將停電方棚供電區域停電及復電日期通知業務科以便處理底度電費案

決議：照辦

五、三十四年度未請假工人之獎金請予發給案

決議：由總務科分別通知各主管部份造册具領

主席 [signature]

重庆电力股份有限公司一九四六年度业务会报纪录（一九四六年） 0219-2-166

存卷

35發文電字第1560號

重慶電力公司業務會報紀錄

時間 三十五年九月三日正午

地點 本公司會議廳

出席 程總經理 吳德工程師 劉希孟 廖嵩浩

陳景嵐 劉佩雄 韋晴叙 秦勇雄

張進人 闞偉雲 易宗樸 劉伊凡

主席 程總經理

紀錄 張君鼎

會報事項

一、用戶申請移表以拆表憑證為根據，另以同等大小電表為之安裝，無須提取原表，以期迅捷案。

決議：照辦。

12

2、改表後表復火由業務科斟酌辦理不必經由公用局核准案

決議：照辦

3、損壞輕微之方棚辦事處予以自行修復者由處修理案

決議：照辦

4、中秋節前簽發九月份薪津九月份上半月之津案

決議：本月六七九三天發清

主席 程本臧

中華民國卅五年九月七日

重庆电力股份有限公司一九四六年度业务会报纪录（一九四六年） 0219-2-166

11

重慶電力公司業務會報紀錄

時間 三十五年九月二十四日正午

地點 本公司會議廳

出席 程總經理 吳總工程師 章疇叙
廖宗浩 秦西雄 劉伊凡
陳景嵐 劉佩雄 呂宗樸
劉希孟 陶偉雲 張進人
黃大庸

主席 程總經理

紀錄 張君鼎

會報事項

1、沙坪壩辦事處擬向沙磁醫院洽商為該處員工診病所需醫藥費用由公司記賬付費案

决議：由秦主任洽各報社

五、材料股所定材料價目與市價相差甚遠應予調整案

决議：照辦

六、派員分赴用户廠所催付保押金案

决議：口頭通知逾期繳付即行停電

七、煤商以停供煤觔迫使本公司承認煤炭加價應如何對付案

决議：（一）函天府礦源不承認新價倘缺煤停電該公司應負責任

（二）函告寶源一萬六千噸合同應補交之煤觔應即補足

（三）將煤商停供煤觔情形分别呈報市府及公用局并登報公告以明責任

主席 潘昌猷

重庆电力股份有限公司一九四六年度业务会报纪录（一九四六年） 0219-2-166

10

存 大

已登記

中華民國卅五年拾月叁日 發出

發文電字第1709號

重慶電力公司業務會報紀錄

時間 三十五年十月一日正午

地點 本公司會議廳

出席 程總經理 吴總工程師 黄大庸 劉希孟
廖世浩 陳昌胤 劉佩雄 章曉叙
秦亞雄 張進人 葛宗樸 張儒脩
管伊九

主席 程總經理

紀錄 張君鼎

會報事項

一、南坪場、孫家口等處將開始供電所需電表應如何籌劃案

決議新縣運宜電表一仟餘隻即可轉運來渝勉可敷用

二、用户自備電表照公司價目收購抵繳保押金案

決議照辦

三、吉普車應漆何種顏色案

決議黑色

主席 程本臧

重庆电力股份有限公司一九四六年度业务会报纪录（一九四六年） 0219-2-166

重慶電力公司業務會報紀錄

時間 三十五年十月八日正午

地點 本公司會議廳

出席 程總經理 吳總工程師 張儒脩 陳景嵐
廖世浩 劉希孟 劉伊九 黃大庸
劉佩雄 秦亞雄 韋疇叙 張進人
易宗樸

主席 程總經理

紀錄 張君鼎

會報事項

一、石板坡用戶已付桿線補助費而線路被燒為裝接綫路應否重收補助費案

決議：免收

二、黃沙溪供電案

決議：由工務科派員查勘詳細計劃

三、自保供電用電器材火險案
決議：黃科長擬具辦法提請董事會核議
四、荷蘭公使館請退還保押金而電表為軍官隊禁阻撤回應如何辦理案
決議：保押金照退電表過戶與軍官隊
五、新保押金逾期未繳者應否剪火案
決議：稍緩
六、本公司應請開放裝用電表取締廣告燈案
決議：再請市府開放並向參議會呼籲

主席

重庆电力股份有限公司一九四六年度业务会报纪录（一九四六年） 0219-2-166

重慶電力公司業務會報紀錄

時間 三十五年十月十五日正午

地點 本公司會議廳

出席 吳總工程師 廖世浩 劉希孟 劉伊凡

陳景嵐 劉佩雄 秦亞雄 易宗模

張進人 張儒脩 韋曉叙

主席 吳總工程師

紀錄 張君鼎

會報事項

一、公司醫師出診是否收取診金案

決議：由總務科擬具辦法

二、求精中學原裝壹佰安培電表請改為幾個小表案

決議：由工務科派員查勘

發文電字第1793號

8

三、南岸場軍官涉竊電燒毀二十開維發方棚一具南坪場供電以後雖免不受竊電影响應如何防範案

決議：由公司致函南岸場區公所請予協助取締

四、南辦處請撥發二百開維發方棚一具案

決議：修理方棚乙具供用

五、江北辦事處請勿停電案

決議：仍五十廠借用方棚一具並請二十一廠供給上半夜用電否則採取輪流停電辦法

主席 [illegible]

重庆电力股份有限公司一九四六年度业务会报纪录（一九四六年） 0219-2-166

重慶電力公司業務會報紀錄

時間 三十五年十月二十二日正午

地點 本公司會議廳

出席 程總經理 吳總工程師 廖世浩 劉希孟

易宗樸 黃大庸 陳景嵐 劉佩雄

秦亞雄 章晴叙 張進人 閻偉雲

劉伊九

主席 程總經理

紀錄 張君鼎

會報事項

一、修理第一廠水塔案

決議：約請建築公司三數家查勘估價

二、催收保押金案

決議：下月五日後再議

主席

中華民國卅五年拾月廿 日發出

35發文電字第1838號

35 裁文

審核

已登記

重慶電力公司業務會報紀錄

時間　三十五年七月二十九日正午

地點　本公司會議廳

出席　程總經理　廖芸浩　易宗樸　劉佩雄　章畯叙　秦西雄　劉伊凡　陳景嵐　黃大庸　張儒脩

主席　程總經理

紀錄　張君鼎

會報事項

一、函催速運透平零件案

決議：照辦

35 發文字第 1892 號

重庆电力股份有限公司一九四六年度业务会报纪录（一九四六年） 0219-2-166

6

2. 高壓線木横担改用角鉄案
決議照辦
3. 改用洋灰桿子案
決議試辦
4. 陸軍醫院擬在寸灘用電案
決議緩辦
5. 調整接火費案
決議緩議
6. 取締電虹燈案
決議十一月二十日前由用户自行取銷逾期由政府強制執行

主席 [illegible]

主席

重庆电力股份有限公司一九四六年度业务会报纪录（一九四六年） 0219-2-166

重庆电力公司业务会报纪录

时间 三十五年十一月五日正午

地点 本公司会议厅

出席 程总经理 吴总工程师 章晓叙 陈景岚

廖世浩 刘伊凡 刘瀛雄 秦云雄

黄大庸 易宗模 张进人 闫伟云

主席 程总经理

纪录 张君鼎

会报事项

一、取缔霓虹灯由经理室通知取缔组办理案

决议：照办

二、南办处请派员取缔龙门浩一带窃电案

决议：由取缔组派员办理

三、大溪沟连日发生抢案三起，应加强厂房警卫力量案

决议：函治安机关请予注意，并请发予弹壳枪送请二十一厂修理，由公司备函由易科长洽办

主席 程本臧

审核股存查 十一.七

1958

中华民国卅五年十一月七日

重庆电力股份有限公司一九四六年度业务会报纪录（一九四六年） 0219-2-166

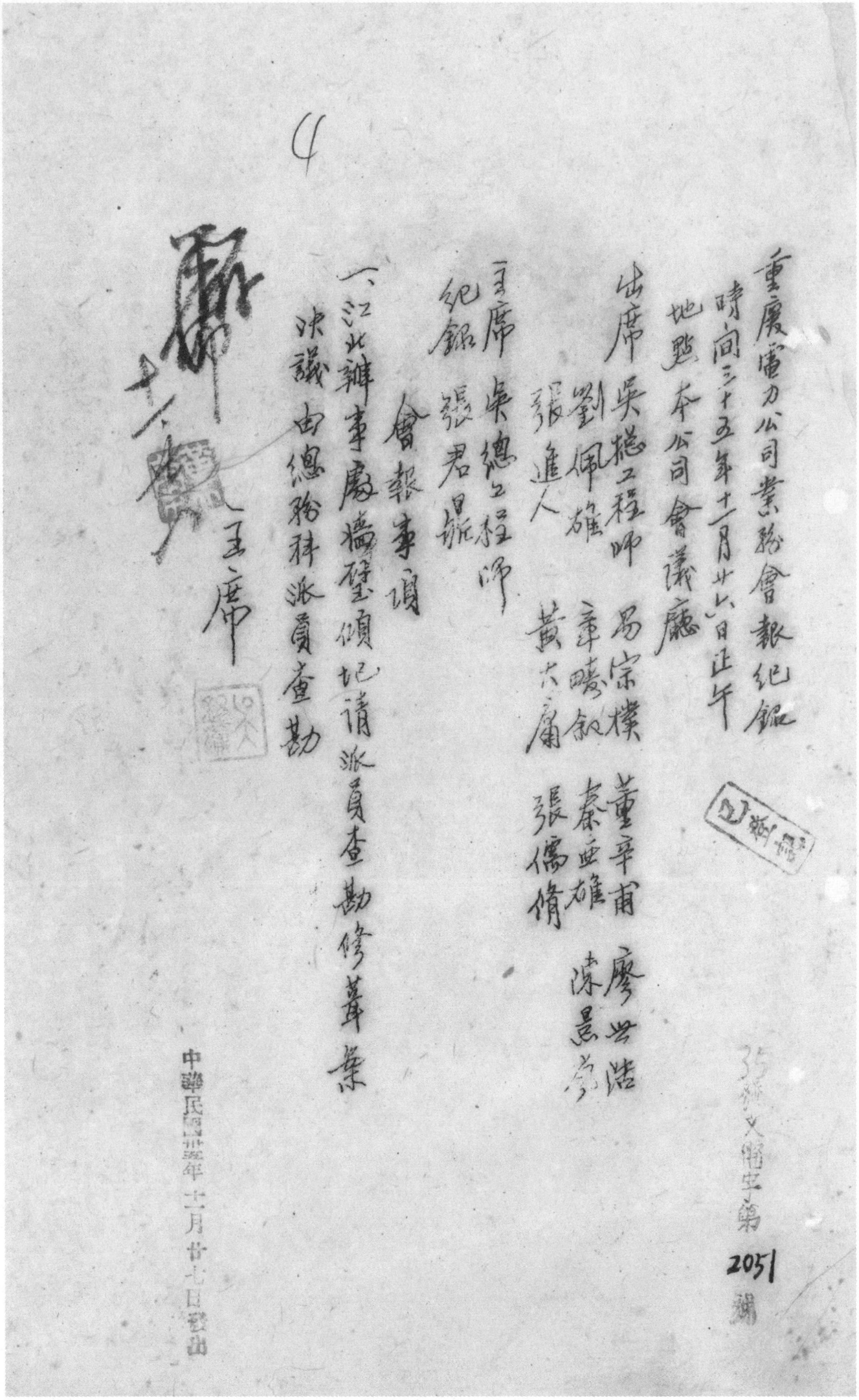

重慶電力公司業務會報紀錄

時間 三十五年十一月廿六日正午

地點 本公司會議廳

出席 吳總工程師 易宗樸 董辛甫 廖世浩
劉佩雄 韋曉叙 秦亞雄 陳昱[illegible]
張進人 黃大庸 張儒脩

主席 吳總工程師

紀錄 張君鼎

會報事項

一、江北辦事處牆壁傾圮請派員查勘修葺案

決議 由總務科派員查勘

主席

十一、廿八

35 辦文總字第 2051 號

中華民國卅五年十一月廿七日發出

重庆电力股份有限公司一九四六年度业务会报纪录（一九四六年） 0219-2-166

重慶電力公司業務會報紀錄

時間 三十五年十二月三日正午

地點 本公司會議廳

出席 吳總工程師 劉希孟 廖芸浩 易宗樸

劉伊凡 陳景崑 劉佩雄 韋曉叙

秦垂雄 張玠 黃大庸 張儒脩

主席 吳總工程師

紀錄 董毓庚

會報事項

一、用戶增加後電壓不足應如何辦理案

決議：電壓在340V以下得拉閘閥

二、竊電過多應如何取締案

決議：分區組織竊電取締隊，有問題時由用電檢查組辦理，詳細辦法另擬

三、年度終結本月份支出過大，就中薪津與全年需款尤多，公司應收賬款是否可以收足支付案

決議：加緊催收

3

已辦

35 發文電字第 2084 號

四、十一月份煤價調整費應提前通知以憑製票收費案
決議：速商公用局核定
五、揀選煤炭零工日資現為一千五百元因生活上漲懇請增加日資以維生活案
決議：零工日資加為壹仟捌百元通知各部照辦
六、年度終結各辦事處同用戶賬項請派員查攷案
決議：稽核科派員查考
七、遷川工廠等函請在[illegible]期間關存底度請不收費拆表俟在復工時應即復表無麻煩
決議：函復不能照准[illegible]如請求拆表以後復工時當照復火手續并不

八、用電保証金是否積極催收案
決議：照案催收
九、業務科剪火工作需車使用案
決議：向公用局交涉將吉普車收回備用

主席　吳錫瀛

中華民國卅五年十二月五日

重庆电力股份有限公司一九四六年度业务会报纪录（一九四六年）　0219-2-166

公布

已登記

35發文電字第2122號

重慶電力公司業務會報紀錄

時間 三十五年十二月十日正午

地點 本公司會議廳

出席 吳錫瀛 黃大庸 張儒脩 廖世浩 劉伊九 劉希孟 陳景嵐 劉佩雄 易宗樸 秦亞雄 章疇敘

主席 吳錫瀛

紀錄 董毓庚

報告事項

陳科長景嵐報告：催收用電保證金，迭通知發出用戶不明情形，多加拒絕，除仍上緊催收外，請為注意。

討論事項

一、公司原有卡車使用過久已不耐用，請增加業

決議：由總務科購買兩部。

二、每期發放職工津貼法幣數量過多，冬防期間擬請以一部銀行

2

支票發放減少意外案
決議：暫以三廠試辦每人每期發放支票以幫工以上五萬元小工學徒茶房四萬元為度

三、各廠事務接戶材料應如何核對案
決議：帳由現在管理材料人員負責材料由總務科派員協同盤存俟完畢後再與會計科對帳

四、年度終結差款太多亦急用之材料請暫緩購置案
決議：照辦

五、揀選煤炭零工增加日資自何日起支案
決議：自十二月一日

六、二廠打水躉船已壞請派員修理案
決議：由總務科辦理

七、電表需用甚多請早準備案
決議：就公司現有者使用必要時由用戶自備公司收購

八、接戶材料及供電材料與工程綫補助費材料應如何計算收取案
決議：照市價收取每月五號以前由購置股調查明白列表通知材料股用戶股及三廠事處

九、報裝單究應承裝店蓋章或承裝公會蓋章案
決議：報裝單須由承裝商店蓋章如由承裝人承裝者須加蓋承裝公會章後方可接收

主席　吳錫瀛

重庆电力股份有限公司一九四六年度业务会报纪录（一九四六年）　0219-2-166

重慶電力公司業務會報紀錄

時間：三十五年十二月二十四日正午十二時

地點：本公司會議廳

出席　吳錫瀛　呂宗樸　黃大庸　張玲
　　　劉希孟　陳景嵐　秦世雄　章曉叙
　　　張儒脩　廖芸浩　劉伊九

主席　吳錫瀛

紀錄　關偉雲

會報事項

一、南岸電灯開放及整理接户器材需用電表及各種膠皮線鉛皮線頗多，庫存不足，應如何設法案

重庆电力股份有限公司一九四六年度业务会报纪录（一九四六年） 0219-2-166

決議：電表不足時請由用戶自備，公司向之收購裝安，並逕程總經理在上海設法購買現貨。膠皮線、鉛皮線由總務科向中央電工器材廠分別購備。

一、支票退票如何處理案

決議：交稽核科催收，無着後通知業務科剪火撤表，撤表後仍不理，再向法院訴追。

一、上半夜電壓不足如何設法維持案

決議：登報請各機關工廠在上半夜停止使用馬達，并派員取締。

主席 吳錫瀛

中華民國卅五年十二月廿七日[illegible]

存

重慶電力公司業務會報紀錄

時間 三十六年元月十四日

地點 本公司會議廳

出席 吳錫瀛 劉希孟 廖世浩 黃大庸
秦亞雄 章晴叙 陳景嵐 劉伊凡

主席 吳錫瀛

紀錄 陶偉雲

會報事項

一、用户自備之電表如何作價收賬案

決議：由總務科照公司向外廠所訂電表價格加手金運繳各費後造新冊調整另核價目表，分送業務科及三處照價收賬，收賬款即在所收各費內撥付，再以收據抵繳現金。至用户燒燬電表如能修理者仍照此例核收修理費，不能修理者賠表，無法賠表者再照收賬價賠款，但公司被表時不在此例

一、南岸裝出電表奉令不准遷移，有聲請遷移其他區域用電者如何辦理案

決議：南岸用户有聲請遷移其他地區用電者，在奉令前後一概不准遷移，可在原用電區聲請撤表，結清各費後再向新用電區另行照章辦理報裝，但南岸事務所應將撤回原裝電表送材料股統籌備用，並將各費是否結清通知另區主管備查

主席 吳錫瀛

重庆电力股份有限公司一九四七年度业务会报纪录（一九四七年） 0219-2-167

40

重慶電力公司業務會報紀錄

時間 三十六年二月十日

地點 本公司會議廳

出席 吳錫瀛 廖世浩 張儒脩 易宗樸
秦亜雄 劉佩雄 劉希孟 張君鼎
黃大庸 章畴叙 陳景嵐

主席 吳錫瀛

紀錄 董毓庚

宣佈事項

一、煤價調整費在社會局公用局煤礦公司未具體解決以前暫以上月份煤價調整費移作次月與基本電價一併製出收費以後并依次移製

討論事項

一、中央工業試驗所欠費抵清應否復火案

決議：復火

一、南岸需要200 5250/380開維發變壓器一具請撥用案

決議：候工科將他處移回再爲撥用

一、軍政部南岸紡織廠自有500開維發變壓器未用請公司去函申明停供電流案

決議：由公司去函說明變壓器損耗電力情形既不用電應予停止

一、用電保証金收取請通知三辦事處案

決議：由公司函知有關各部份

一、三十五年度帳表限在本月二十號一結出請各部份將傳票報表趕速送齊案

決議：照辦

一、電費收入欠旺不能接濟支出請加緊收費并提前催收大户以資濟用案

決議：加緊催收

一、關於收購用户電表如何作價案

決議：由經理室通知業務科三辦事處新表照公司定價收購舊表酌量折舊作價收購

主席 吳錫瀛

中華民國卅六年貳月拾貳日發出

重庆电力股份有限公司一九四七年度业务会报纪录（一九四七年） 0219-2-167

38

36發文電字第0171號

已辦

重慶電力公司業務會報紀錄

時間：三十六年二月十八日

地點：本公司會議廳

出席 吳總工程師 童晴叔 陳景崙 劉佩雄

劉希孟 易宗樸 張儒僧 秦亞雄

劉伊凡

主席 吳總工程師

紀錄 張君鼎

會報事項

一、基本電價與煤價調整費合製一票自二月份起實行案

決議：照辦

一、南辦處請撥發表箱案

決議：由各需用單位辦理請購手續向外訂製

一、第二廠修造打水船案

決議：由公司撥款修造第二廠指定人員負責監修

一、製泥廠接用二十四瓩電流案

決議：所需线路材料及變壓器由公司借用仍照向兵工廠購電轉供辦法辦理

一、新橋供電電表不敷應如何辦理案

決議：暫准數家用户共用一表

一、本月份薪津如本星期六前難於發放時知各員工案

決議：無異議

一、研究無線包燈制案

決議：修理舊表提運新表加強取締竊電

主席 吳錫瀛

重庆电力股份有限公司一九四七年度业务会报纪录（一九四七年） 0219-2-167

39

存

重慶電力公司業務會報紀錄

時間：三十六年二月廿五日

地點：本公司會議廳

出席 吳總工程師 黃大庸 劉伊九 廖世浩

陳景嵐 韋曉叙 劉佩雄 秦亞雄

易宗樸 張儒備 劉希孟

主席 吳總工程師

紀錄 張君鼐

會報事項

一、製呢廠接用二十四廠電流由沙磁區洽辦施工放綫案

決議：照辦

一、楊芳毓公館用電度數在廿四廠售電度數內按月扣除案

決議：業務科按月將楊公館抄見度數通知廿辦處，俾於廿四廠抄表時扣除

36發文電字第0200號

一、溉澜溪用户请求夜间供电案
决议：本公司电力不敷，暂难供给，函复各用户
一、沿江用户由表内接线供给江边棚户用电，烧毁电表及压器，请登报警告案
决议：照办
一、用户迁移自行拆表请登报警告案
决议：照办
一、增加零工工资案
决议：每工原为一千八百元，增加四百元，共为二千二百元，自二月十六日起支
一、各厂处征选员工加强取缔窃电力量案
决议：由用电检查组拟定取缔区域、每组人数详细办法，各厂处准备参加名单，同于下星期二会报时提出

主席 吴锡瀛 [印]

中华民国卅六年贰月廿七日发出

重庆电力股份有限公司一九四七年度业务会报纪录（一九四七年） 0219-2-167

重慶電力公司業務會報紀錄

時間：三十六年三月十一日

地點：本公司會議廳

出席　易宗模　劉希孟　張儒脩　劉佩雄

秦亞雄　韋崎叙　陳景嵐　張進人

黃大庸

主席　張科長儒脩

紀錄　張君鼎

會報事項

一、本公司電表裝用完畢新户請求裝表應如何辦理案

決議：(1)用户急於裝表者請其自備電表否則俟本公司電表運到再行安裝

(2)電表户名與用户不符者請其辦理過户手續

以上兩事登報公告

二、用電保証金改為領借電費，如儲存單據數量較多可加盖圖記使用，如舊存單據數量不敷則另製新單據應用案

決議：照辦

已辦訖

渝發文電字第0245號

4037

三、預借電費自四月份起收，以一二三月份平均電費為計算標準，由何人主持計算平均電費案

決議：屬於三辦事處之用戶由辦事處派員計算，屬於業務科之用戶由用戶股計算

四、業務科請購置吉普車一輛便利收費案

決議：照辦

五、產業工會請求調整待遇與考績案

決議：本案業經呈奉董事長核批敘績，應即速辦，惟各單位甲級人員以不超過百分之三十為限

至於薪津標準照去年兩次成例，以實支米價與指數表上價格之差額照百分比借支一般津貼，以資救濟

主席 張儒僧

中華民國卅六年叁月拾貳日發出

存

重庆电力股份有限公司一九四七年度业务会报纪录（一九四七年） 0219-2-167

36

函發文電字第0283號

重慶電力公司業務會報紀錄

時間：三十六年三月十八日

地點：本公司會議廳

出席 吳總工程師 廖世浩 楊新民 劉佩雄 劉伊九
劉希孟 易宗樸 秦亞雄 黃大庸 張進人
張儒脩 章疇叙 陳景嵐

主席 吳總工程師

紀錄 張君鼎

會報事項

一、二廠新木船行將完工，舊木船破殘不堪，應如何處理案

決議：由總務科會同二廠主持出售

二、參加各小組取締竊電名單從速決定，以便向政府請領檢查証開始工作案

決議：照辦，并以各廠處主管人為分組組長

三、各廠安裝馬達超過報裝匹數者超過匹數應加收保証金及方棚補助費案

決議：照辦

四、請求改正基本金電價案

決議：向市府經濟部申請，成本計算表報由會計科草擬

五、取消平時增加夜班津貼案

決議：照辦，計股長加班一次津貼三千二百元，社員二千六百元，見習二千元

六、永祥修理電表其快慢不準確者應如何辦理案

決議：由校表室設法校正并將原定準確度快慢百分之二放寬至百分之五，超過此限度者抄表時應照電表快慢比例增減，求得實用電度

主席 吳錫瀛

重庆电力股份有限公司一九四七年度业务会报纪录（一九四七年） 0219-2-167

35

重慶電力公司業務會報紀錄

時間：三十六年三月二十五日

地點：本公司會議廳

出席 吳總工程師 廖世浩 劉希孟 易宗樸 劉佩雄
秦西雄 張進人玠 張儒脩 章疇叙 陳景嵐

主席 吳總工程師

紀錄 張君鼎

會報事項

一、撤表户數電費收據係用臨時剪票收據附借重置裝電設備費每度八十元之收據係須先製就者以後收取尾度電費應否同時收取附借電費案

決議：為數無多暫不收至於已經製就之附借電費收據於用户撤表時仍應照收由用户到公司繳款或由辦事處向業務科提取收據向用户收費

二、附借重置裝電設備費四十四億元之利息應隨附借電費收足案

決議：呈請市府准予照收

三、現代廣告社函請租用電桿繪製廣告案

決議：照辦須收租金一年計一千二百萬元規定廣告高度市政機關是否准許由該社自行洽辦本公司不負任何責任

四、與工務局洽商請於四月五日以前將煤價調整費照三月份煤價每噸六萬一千元迅速核定以便製票收費案

決議：照辦

五、暫定逾時工作津貼數目案

決議：逾時工作每日以四小時為一班每班股長津貼四仟八百元科員三千九百元見習三千元茶役二千八百元星期例假加班時間照平常辦公時間計算每班津貼當月薪津三十分之一

主席 吳錫瀛（印）

重庆电力股份有限公司一九四七年度业务会报纪录（一九四七年） 0219-2-167

存

函發文電字第0334號

重慶電力公司業務會報紀錄

時間：三十六年四月一日

地點：本公司會議廳

出席 吳總工程師 廖世浩 劉佩雄 章疇叙 秦西雄

陳宗嶽 黃大庸 張儒脩 劉希孟 易宗樸

張進人

主席 吳總工程師

紀錄 張君鼎

34

会报事项

一、新裝用户之用電保證金賬票收取滿三個月後抵補預收電費案

決議：照辦，在收據上加蓋"滿三個月後請持此據換取預收電費收據"圖章

二、各取締竊電小組之憲警由各分組長就近洽借，必要時可酌予招待獎金賬票發給案

決議：照辦

三、暫調業務科收票人員由業科直接指揮案

決議：照辦，如不敷分配可另設法由各科股抽調，但各科股不能以調出人員遺缺另行補人

四、多方設法收購電表以應急需案

決議：由購置股擬具妥當辦法從速添購

主席 吳錫瀛（印）

中華民國卅六年四月貳日 發出

重庆电力股份有限公司一九四七年度业务会报纪录（一九四七年） 0219-2-167

33

重慶電力公司業務會報紀錄

時間：三十六年四月八日

地點：本公司會議廳

出席 吳總工程師 黃大庸 廖世浩 陳景嵐

秦亞雄 劉佩雄 章疇叙 劉希孟

易宗樸 張進人 張儒脩

主席 吳總工程師

紀錄 張君鼎

會報事項

一、檢發竊電獎金辦法交與各分組案

決議：照辦

重庆电力股份有限公司一九四七年度业务会报纪录（一九四七年） 0219-2-167

二、分頭洽詢購買電表案
決議：從速進行
三、向各兵工廠洽借電表案
決議：先與各廠口頭接洽
四、改建龍門浩分電站案
決議：照辦
五、修建南岸過江線鐵塔案
決議：照擬所需角鐵前已請購應即購置
六、南岸分廠請催運訂購配件案
決議：照辦

主席 吳錫瀛

中華民國卅六年四月九日 發出

重庆电力股份有限公司一九四七年度业务会报纪录（一九四七年）　0219-2-167

36發六電字第0418號

重慶電力公司業務會報紀錄

時間：三十六年四月二十二日

地點：本公司會議廳

出席：吴總工程師　易宗樸　廖世浩　劉希孟　劉佩雄

陳景嵐　章曉叙　劉伊凡　秦亞雄　黃大庸

張儒脩　張進人

主席：吴總工程師

紀錄：張君鼎

會報事項

一、憲警協助取締竊電每次出勤應否招待香煙飯食案

決議：每次每人付給出勤津貼二千元

二、第二廠修理房舍之營造廠估價單請劉主任希孟審核與實際情況是否符合以便議價案

決議：照辦

三、用戶燒燬電表自購新表請予補換舊表應折價作為廢料收回案
決議：壞表照公司定價三折收回，由公司名義發表公告分貼用戶駐地及三辦事處俾眾週知
四、渝西自來水公司表後線路之材料工程費如何計算收取案
決議：所用材料作為售料，由材料股開具售料發票，再加工資，交秦主任洽收
五、軍紡廠供電豫豐紗廠，本公司應向軍紡廠收取百分之十之營業權租賃費案
決議：依據中央紙廠供電天原工廠合約原則，由秦主任與軍紡廠洽定合約
六、攷績以股為單位，每股甲等人員以不超過百分之三十為度，如有畸零數時以不超過一人為限案
決議：照辦，未交攷績者於日內交到經理室，候董事長在渝核定

主席　吳錫瀛（印）

中華民國卅六年四月廿五日發出

重庆电力股份有限公司一九四七年度业务会报纪录（一九四七年） 0219-2-167

审核股存

31

重慶電力公司業務會報紀錄

時間 三十六年五月六日正午

地點 本公司會議廳

出席 吳總工程師 黃大庸 廖世浩 劉希孟
張儒修 陳景嵐 章疇叙 秦西雄
張進人 劉佩雄

主席 吳總工程師

紀錄 張君鼎

會報事項

一、避表用電將表撤回暫存，取締組賠費後交用户股，該表逾期不理將表退回用户股案

決議：照辦

36發文電字第482號

二、烧燬電表經業務科先照三個月平均度數繼續收取電費者取締組查獲此種用户時應先與業務科查對以免有誤案

決議：照辦

三、烧燬電表四五百個應逐修理應用案

決議：由總工程師設計辦理

四、小楊公橋大量竊電應如何辦理案

決議：由秦主任與軍需學校洽商停供該區電流

五、山洞一帶竊電用户甚多應如何辦理案

決議：第三廠修理機爐及遇有其他停電機會時山洞一帶停止供電

主席　吳錫瀛（印）

中華民國卅六年五月八日　發出

重庆电力股份有限公司一九四七年度业务会报纪录（一九四七年） 0219-2-167

30

存

渝發文電字第548號

重慶電力公司業務會報紀錄

時間：三十六年五月二十日正午

地點：本公司會議廳

出席：吳總工程師　張玪　章疇叙　劉靜之　廖世浩

張儒脩　劉希孟　陳景嵐　秦西雄　黃大庸

易宗樸　劉伊凡

主席：吳總工程師

紀錄：張君鼎

會報事項

1.用戶自備電表應准為用戶所有本公司不再備價收購案

決議：照辦并提董事會通過

2、廢除包燈制案

決議：提董事會討論

3、用户被盜之表為他人購得待來公司請求安裝應如何辦理案

決議：(1)仍照收保押金 (2)失表之家照章應負保護及損失賠償之責 (3)失表之家自行查獲所失之表由公司裝出者提出意見時由主管部門簽報經理核辦

4、十九區區長區民代表向江辦處詢問公司近況經章主任詳加解釋而退可見此次市民發生誤會由於宣傳功夫未到家應加以注意案

決議：照辦并由張秘書君鼎負責辦理

主席 吳錫瀛（印）

中華民國卅六年五月貳四日發出

重庆电力股份有限公司一九四七年度业务会报纪录（一九四七年） 0219-2-167

重庆电力股份有限公司一九四七年度业务会报纪录（一九四七年） 0219-2-167

29

存

函發文電字第0565號

重慶電力公司業務會報紀錄

時間：三十六年五月廿七日正午

地點：本公司會議廳

出席 吳錫瀛 張玲 陳景嵐 劉伊凡 易宗樸
秦亜雄 章畴叙 廖世浩 劉希孟 劉佩雄
閻倬雲

主席 吳錫瀛

紀錄 董毓庚

報告事項

輪渡公司來函以後用電照付電費對本公司職工過渡一律收費

討論事項

二十一廠停電請交涉事先通知以作準備案

決議：由總工程師交涉

主席 吳錫瀛

重庆电力股份有限公司一九四七年度业务会报纪录（一九四七年） 0219-2-167

28

發文電字第0650號

重慶電力公司業務會報紀錄

時間 三十六年六月十日正午

地點 本公司會議廳

出席 吳錫瀛 楊新民 廖公浩 劉靜之 劉希孟
陳景嵐 劉佩雄 秦亞雄 易宗樸 張儒脩
黃大庸

主席 吳錫瀛

紀錄 董毓庚

報告事項

劉科長靜之報告接辦業務科以第一段組用戶股并加強工作在業務科未成立前并由陳科長景嵐負責甚多第二加強收費造至現在已收十六億餘元平均每日約一億餘元帳面上欠費甚多者約分三種一、機關學校應付電費三分之一約數億元因未決定照收以致尚未兌票二各工廠拒付八十元設備費又約數億元三、市府座談會解決電費辦法尚未普達用戶尚有藉口延付者以上三項欠費至鉅應請立為解決以便催收否則十日後收入將見減少

討論事項

一、用戶開出之遠期電費支票除由收費員口頭警告如到期退票應剪火外此項支票擬請會計科照收以利收入案

決議：會計科照收

二、胡參議員來函請求恢復馬家店一帶電流案

決議：復火

三、已收費應裝未裝之電表約二百餘戶又壞表未修復又未裝出者若干戶均需表至急擬請公司設法購買大批電表以應業務上之需要案

決議：由總務科速購

四、生活上漲臨時工日資擬請酌予增加案

決議：1.臨時工應設法減少 2.日資俟調查一般情形後再為決定

主席 吳錫瀛

重庆电力股份有限公司一九四七年度业务会报纪录（一九四七年） 0219-2-167

重慶電力公司業務會報紀錄

時間：三十六年六月廿四日正午

地點：本公司會議廳

出席 吳錫瀛 劉偉雲 劉靜之 劉希益 張進人
廖世浩 陳景嵐 秦西雄 張永壽 童疇叙
易宗樸

主席 吳錫瀛

紀錄 張君鼎

會報事項

一、學校電費收票本星期內製出先收案

決議 照辦

二、急需安裝電表約五百個庫存僅九十個連同修理中電表趕速修好分別輕重為用户安裝案

决議照辦

三、用户燒燬電表應照原表容量賠表如所賠電表較原表容量為大公司應照新表收取保押金及用電保証金再如所賠電表仍不合事实需要必需添用变流器（10/5 20/5等々）此項变流器應由用户自備屬用户資產用户要求改表經公司許可而無表以應者亦照上項辦法辦理

决議照辦

四、改訂臨時工工資案

决議自七月一日起每工以三千元計算

主席 吳錫瀛

卅六、六、廿七、

25

重慶電力公司業務會報紀錄

時間 三十六年七月一日上午

地點 本公司會議廳

出席 吳錫瀛 劉靜之 廖世浩 劉伊凡 劉希孟

易宗模 章晴叔 陳景嵐 張永書 秦丕灘

張進人 楊仿陶 閻偉雲 黃大庸 楊新民

主席 吳錫瀛

紀錄 張君鼎

已登記

會報事項

1、本星期內召開業務會議案

決議：由陳副科長召三辦事處洽定開會時間

2、催促工務局于七日前核定煤價調整費案

決議：照辦

3、杭閣學校電費累欠甚多改案費時加工提辦案

決議：照辦

重庆电力股份有限公司一九四七年度业务会报纪录（一九四七年） 0219-2-167

4. 取締組改組後增加欠費剪火職務以加強收費効能案
決議：照辦并告新組長
5. 天府寶源煤礦應按交煤比例付款不應厚此薄彼案
決議：照辦
6. 退票交涉由稽核室改為業務科辦理案
決議：照辦
7. 今後對于職員保證辦法應照規定辦理案
決議：由人事股辦理
8. 定期召開帳務會議案
決議：由會計科主持

主席 吳錫瀛

卅六、十一、三

重庆电力股份有限公司一九四七年度业务会报纪录（一九四七年） 0219-2-167

卅六 七 十八

26

重慶電力公司業務會報紀錄

時間 卅六年七月十五日上午

地点 本公司會議廳

出席 程總經理 吳錫瀛 張進人 劉靜之

楊新民 黄大庸 劉佩雄 章疇叙

陳景嵐 秦廷雄 張永書 易宗楧

張容之 廖世浩 劉希孟

主席 吳錫瀛

紀錄 張君鼎

報告事項

一、程總經理報告赴滬目的及辦理訂機經過

會報事項

一、查保工作應由何部負責案

決議：職工人事保証之查保由人事股辦理，業務銀錢保証之查保由稽查股辦理。

二、欠費剪火如何處理案

決議：欠費剪火仍由業務科辦理，惟發生困難時由用電組協助之，如料不能解決者，会签經理室

三、收費員向出納股繳款時間案

决議：会計科出納股於每日下午三点卅分開始收取收費員之繳款

四、拖延案件及整理案件如何辦理案

决議：就公司現有人員調派，不增加新人

五、業務科新办公室電氣材料由陳料長查照開单向總務科領料備用案

决議：照办

六、業務科新办公室每人領用新鎖二把案

决議：由營造廠裝安給價

七、頭塘晚間向來無電，中晚可否開設案

决議：查照向例办理

八、如何解决煤荒案

决議：向合江青松陽竟成及其他各礦洽商源源供應，并以書面通知各煤商請供給煤觔

九、取締組存有窃電用户電料甚多，應如何處理案

决議：由材料股派員清查估價，如本公司合用照价收買，如不合用則售与外人

十、变压器應由用户自備案

决議：照辦

十一、对于线路較遠之用户供電應裝設高壓電表案

决議：照辦

主席 吴锡瀛

重庆电力股份有限公司一九四七年度业务会报纪录（一九四七年） 0219-2-167

24

重慶電力公司業務會報紀錄

時間 卅六年七月廿二日下午

地點 本公司會議廳

出席 吳錫瀛 楊仿陶 廖世浩 劉靜之
楊新民 張容之 劉佩雄 陳景嵐
易宗漢 黃大庸 劉希孟 劉伊凡
秦益權 張進人 章疇叙 張永書

主席 吳錫瀛

紀錄 張君鼎

報告事項

一、劉科長報告彈性前月火經過及前月火用戶繳款情形并擬對于俞劍銘、中國興業公司等欠費用戶採取較為強硬辦法

二、劉科長報告有關業務文件請先分交業務科辦理以免失去聯繫

三、吳總工程師報告第一二三廠存煤情形第一廠只有四天第二廠只有七天第三廠只有三天

發文電字第0837號

會報事項

一、首函向民生公司洽借拖輪運煤接濟茅三廠用煤案

決議：照辦

二、茅二廠工人吳常美中籤征召入伍經保釋回廠請公司函茅十八區公所說明公司員工緩役經過免再被抓案

決議：照辦

三、舊户過户舊户遷移之電表押金數額應予改訂案

決議：由業務科擬具辦法候核

四、電料行請求代為校驗電表其收費辦法應行規定案

決議：由業務科另擬辦法

五、南岸辦處簽報用户將電表攜往竅角沱安案

決議：由南岸辦處再度交涉

主席 吳錫瀛（印）

卅六、七、卅

重庆电力股份有限公司一九四七年度业务会报纪录（一九四七年） 0219-2-167

卅六、七、二一

渝發文電字第0843號

重慶電力公司業務會報紀錄

時間：三十六年七月廿九日正午

地點：本公司會議廳

出席：吳錫瀛 張進人 張容之 廖世浩 劉靜之
劉伊凡 劉佩雄 劉希孟 陳景嵐 章畴叙
楊仿陶 楊新民

主席：吳錫瀛

紀錄：張君鼎

報告事項

（一）劉科長伊凡報告經濟狀況就煤款薪工購電費加以說明

重庆电力股份有限公司一九四七年度业务会报纪录（一九四七年） 0219-2-167

23

會報事項

一、楊科長新民報告煤觔缺乏，轉江國礦寶源公司煤款用乏煤又不來，以後承兑匯票等應如何辦理案

決議：以後工煤多少付款多少，承兑匯票由經理室決定

二、機關學校預收電費是否照三分之一收取案

決議：照三分之一收取

三、江北辦事處請核定壯丁安家費案

決議：由華主任斟酌公司及當地情形決定

四、討論職工用電限制辦法案

決議：修正通過

五、討論試用收費員甄别辦法案

決議：修正通過

主席 吳錫瀛

重庆电力股份有限公司一九四七年度业务会报纪录（一九四七年） 0219-2-167

重慶電力公司業務會報紀錄

時間 三十六年八月五日正午

地點 本公司會議廳

出席 吳錫瀛 張琦 黃文庸 劉伊凡 楊新民 章澤叙 廖世浩 蔡亞雄 劉靜之 張容之 陳景藏 張永書 晁宗樸 楊仿濤

主席 吳錫瀛

紀錄 董毓庚

報告事項

吳總工程師報告（大要）（一）此次二十四工廠同五十工廠停電原因為公司向其提出（1）織染學校優待電費應照三分之一優待辦法比例分担（2）一二兩月躉電費須照八折計算，經工務局召集座談會解決，兩廠均已複電，唯本公司之一千二百KVA變壓器燒壞，二十四廠供電區域祗能供給一線（二）廿四工廠直接供給製呢廠電流違反電氣規則，公司已去函嚴重交涉，如不撤銷合同即應（1）所收電價應除去管理業務等費用，只能照本公司電價百分之四十收費（2）沙磁區所有聯勤總部所屬織染學校工廠在此項事端未解決以前一律請由該廠供電，成尚未接答復，本公司並準備向經濟部控訴（三）躉五十廠轉供水泥廠以條出之水泥廠之遞公該廠來函請求清償欠費，應由會計科予以按月結算，由水泥廠付清，以利躉電

會報事項

一、電務科核表工作展開請三辦事處帮助案

決議：由電務科主辦臨時通知主管處派工帮助

二、預收一月電費工作已將準備就緒惟收取時尚有困難請求注意案

決議：預收電費票與正票一同收費如有詢問由收費員予以解答

三、凡用户請求改裝電力表請工程部門於改表後通知業務科改表後之實用馬力匹數以備登記案

決議：照辦

四、凡遇停電請即通知各廠處及業電兩科案

決議：照辦

五、學校電費因八月二日各報披露消息後又有觀望本公司所登之聯合聲明請騰三十份交收費員携帶向用户質疑便利收費并請公司注意以後問題案

決議：總務科騰送

六、各單位月終帳表逾期不送者擬請經理室作硬性規定以明責任案

決議：上月帳表務於下月十日前送達會計科逾期未送者由各主管自負責任

主席 吳錫瀛

重庆电力股份有限公司一九四七年度业务会报纪录（一九四七年） 0219-2-167

卅六、八、十八、

21

重慶電力公司業務會報紀錄

時間 三十六年八月十二日正午

地點 本公司會議廳

出席 章疇叙 秦亞雄 張容之 吳錫瀛 陳景嵐 劉靜之 易宗樸 劉伊九 劉希孟 楊新民 廖兴浩 張永書 張玠 楊訪濤

主席 吳錫瀛

紀錄 董鎰庚

報告事項

劉科長伊凡報告公司經濟近來較以前更爲艱窘，七月份工資在十三號始能發清，而本月半煤款需十一億尚在設法當中。艱窘原因由於煤炭兩項價格激漲，致支出加大，出納股付款以煤款第一，發員工薪工第二，購電費和維持費電材料費等尚在其次，有時尚以預期支票應付。本月份職工薪工發放時間必遲，請各主管轉告同仁予以體諒，并希望預收電費早日收進，以供支拂。

吳總工程師報告請各主管注意對所屬請求轉報事項，請先攷核與公司規章相符，再爲轉報，以節時間。

會報事項

一、預收一月電費票已備好，請辦事處提票案。

決議：電力用戶之燈力表票由辦事處自行洽收，普通戶由業務科代收。

二、華光、枝絲、芳瑞等每月用電度數由抄表股通知沙南廠從廿四廠電度數內扣除，逕報總工程師案。

0926

决議：照辦

三、損壞電表請由業務科通知三办事處將表燒壞電表以請斟酌情形賠償辦

表案

决議：照辦

四、加強欠費剪火工作案

决議：由業務科與電務科三办事處加強聯繫

五、木桿缺乏請速購置案

决議：電務科决定最低需要數量通知總務科速購

六、職工公民身份證請統籌辦理案

决議：由秘書室統籌并由各主管派員會同辦理公民證由各主管負責彙集

七、社會局來會索取七月份職工薪工應如何辦理案

决議：繼報

八、月半到期煤款約十一億元請早準備以免影響來源案

决議：由會計科籌付

九、公司買煤在原則上只買礦商之煤運商向不採購擬請破除情面不予收

購案

决議：原則可行為適應環境應以採用好煤為是

重庆电力股份有限公司一九四七年度业务会报纪录（一九四七年） 0219-2-167

21-1

十、各厰理髮室用電與理髮工人用電應加限制案

決議：福利社自設立之理髮室及各部門之特別理髮室照公司用電辦理，至理髮工人本人用電照一般用户辦理。

十一、業務部門對外發生業務糾紛應如何辦理案

決議：原則可暫由稽核室稽查股會同原主管部門辦理，詳細办法待經理室核定。

主席 吳錫瀛

卅六、八、廿二

已辦

卯發文電字第0950號

20

重慶電力公司業務會報紀錄

時間 三十六年八月十九日正午

地點 本公司會議廳

出席 楊仿濤 易宗樸 張玠 吳錫瀛 黃大庸 劉伊九 劉希孟 張永書 楊新民 劉佩雄 章畯叙 張容之 廖世浩 陳景崑 秦西雄

主席 吳錫瀛

紀錄 董毓庚

會報事項

一、職工用電登記請各主管代催速為送達請確實填寫并不得使用兩路火線案

決議：照辦

二、天府公司來函要求每煤一噸增加轉江費兩萬元寶源公司又多日未來煤應如何辦理案

決議：轉報工務局社會局核示

三、領用庶務用品請各部門撙節核支以節公帑案

決議：照辦

四、福利社洗衣失火幾致成災擬請追究責任并將洗衣部門易遷地點以維清潔案

重庆电力股份有限公司一九四七年度业务会报纪录（一九四七年） 0219-2-167

決議：由總務科簽報核奪
五、非辦公時間請嚴禁出入案
決議：由秘書室製發証章，交職工佩帶以資識別考查
六、月底需款約二千億請業科三辦事處加緊催收電費同預收電費以資接濟案
決議：業科三辦事處加緊催收
七、國民身份証在本月廿五號截止登記請各單位加速辦理案
決議：各主管注意務於廿二日前辦竣
八、公司房產投保火險請總務科速照上次會報決議辦理案
決議：由總務科列表報核并先投保總公司房產
九、生活上漲臨時工日資三千元不足維持擬請增加案
決議：每工日資加為五千元并自八月十六日起支
十、學校接收用戶電表請求過戶應如何辦理案
決議：不能過戶
十一、向教育局索取立案學校名册以憑優待用電之考查案
決議：由秘書室備函
十二、機關學校用電優待請指示範圍案
決議：由業科擬具辦法再定
十三、機關學校報裝新戶請三辦事處查實再裝并規定一校應裝電表數量案
決議：一校裝用一表為原則，便利核計

20-1

十四、燒壞電表應請限時修好以應用戶需要案
決議：俟處理燒毀電表賠償換表改表辦法遞知由各有關部門研究後再為討論
十五、查獲小樑子用戶在兩處變壓器上接用電流應否准許接線並退還材料案
決議：不准接線並不退還材料
十六、鐵園電表使用過火保險公司計度損失頗大應否取締案
決議：由電務科查明整理如確因電壓太低勉予通融使用升高變壓器
十七、新營業廳容納總部辦公在裝修上請加注意案
決議：總務科會同有關部門辦理
十八、收入預收電費請規定繳納手續案
決議：以當日收款當日繳交出納股為原則至遲不超過第二天各辦事處並由處主任負責查
十九、民生公司來函請在唐家沱占線接用五十兵工廠電流應否照准案
決議：原則同意由本公司在五十工廠裝一總表每月由公司抄表轉向民生公司收費

主席 吳錫瀛

重庆电力股份有限公司一九四七年度业务会报纪录（一九四七年） 0219-2-167

19

卅六、九、二、

重慶電力公司業務會報紀錄

時間：三十六年八月廿六日正午

地點：本公司會議室

出席：吳錫瀛 張玠 劉佩雄 劉希孟 楊新民 張容之
張永書 秦亞雄 陳景嵐 廖世浩 黃大庸 劉伊凡
易宗樸 楊仿濤 章曉叙

主席：吳錫瀛

紀錄：關偉雲

會報事項

一、學校接收用戶電表上次會報以補償問題決議不能過戶，但因此與用電戶名不符於營業章程有無抵觸，是否仍予過戶，請覆議案

決議：准其過戶，補償問題由經理室斟酌處理

二、天氣亢陽，火警堪虞，公司各地房屋請速投保火險案

決議：先投保公司房屋，管理方面辦公時間內由各部份負責，辦公時間外由總務科負責，如發生問題由經理室會同總務科及各該部份解決

三、近來西藥價格上漲，公司每月以百萬元醫藥補助費不敷甚鉅，請增為一千萬元案

決議：自八月份起每月增為一千萬元，醫藥章則由福利社查酌修改

四、公司損毀電表甚多，請列一統計數字以憑處分案

決議：由業務科三辦事處將損毀電表剋表送校表室修理，其有不能修理者

0974

由稽核室列表送請經理室核銷

五、用戶有用燈不多裝用兩表者應如何辦理案

決議：一戶不能裝用兩表

六、公司差額太多請業務科三辦事處協助催收預收電費以渡難關案

決議：由業務科三辦事處限期催收，永廠、紗廠等大用戶如逾期不繳即遣工當手續剪火停電

七、八月份工資如何發放案

決議：八底以前發八半工資，九月五日以後十五以前發八底工資

八、彈子石燒燬之二百KVA變壓器現已修好，為未來安全計，擬請在未裝復前由公司致函警校協助取締該處（帶）竊電案

決議：由公司備函并由檢查組會同南辦事處、第二廠辦理

九、二廠用電時間如何限制案

決議：限制用電時間夏令為午後七時半至十一時半，平時為午後五時至十一時半

十、二廠存煤用盡須大量存煤並須將煤案

決議：總務科速設法配運

十一、公司內部既已調整，公司組織章程應速修改案

決議：先由秘書室擬修改後送請董事會核定

重庆电力股份有限公司一九四七年度业务会报纪录（一九四七年） 0219-2-167

18

卅六、九、十六

1015

重慶電力公司業務會報紀錄

時間：三十六年九月二日正午

地點：本公司會議室

出席：廖世浩 秦西雄 孫新傳 吳錫瀛 張永書 劉佩雄 陳景嵐
章畛叙 張玲 劉希益 黃大庸 馮宗樸 張容之 楊仿濤
劉伊九

主席：吳錫瀛

紀錄：董毓庚

會報事項

一、黃科長大庸報告：截至八月底止共向商業銀行借款十二億，國家銀行借款廿一億，挪用建設費四億，八月份下半月薪工及九半煤款尚需廿億，應籌謀澈底辦法以挽救經濟危機，並建議開源辦法：（一）向國家銀行請求增加貸款數額，以減低商款利息；（二）請求調整電價補償債務損失；（三）當月電度照當月核定煤價製票，不再以上月煤價製票，以減少損失；（四）加強竊電取締。

決議：本公司經濟困難情形，開報劉董事長請示，其餘照辦。

二、南岸裕華紗廠每月用電不多，原有之六百KVA變壓器太大，擬予改裝為二百KVA變壓器，並為裝一高壓電表，又申新、歲豐、警官校等用電亦由裕華之六

百KVA變壓器供電在該變壓器撤後并以分裝小變壓器及高壓電表以節
電流案

決議原則通過由電務科擬具办法後再為辦理

三、火費剪火發生衝突以後應如何辦理案

決議凡遇執行有困難之户交由用電檢查組辦理

四、臨江路華僑來茶社及社會部全國合作供銷處之長易光祀阻擾本公司催費
并毆辱工友胡占雲應如何办理案

決議先行登報警告易光祀限日前來解決如逾限則停供該段電流

五、參加清理竊電賠費舊案之警局工作人員應如何支給津貼案

決議督察員二員每月各送輿馬費（十五萬元分局巡官一員月送輿馬費（
拾五萬元警士每人日支津貼四千元按日計算以辦完積案為止

六、工人工資已有超級其超級之正工資同加工工資之超級部份應如何支給案

決議正工加工未超級部份照當月指數計發正工加工超級部份照上年十二月份
指數計發并由經理室公佈

主席 吴錫瀛（印）

重庆电力股份有限公司一九四七年度业务会报纪录（一九四七年） 0219-2-167

17

卅六、九、十六

重慶電力公司業務會報紀錄

時間 三十六年九月九日正午

地點 本公司會議室

出席 張玠 章曉叙 張永書 吳錫瀛 楊仿濤
易宗模 黃大庸 劉伊九 陳景嵐 廖世浩
張容之 秦亞雄 劉希孟

主席 吳錫瀛

紀錄 董毓庚

會報事項

一、吳總工程師提請業電兩科三辦事處注意凡未經註冊承裝電料工匠前來代人辦理裝表手續者請予注意以免外界訾議

二、易先祀經警告後仍未到公司解決問題已自昨日起停供該段電流以後又應如何辦理案

決議除仍舊停電外并函該合作社主管機關促其迅速解決

三、查獲用戶有兩面用電又裝有兩表者應否加以取締案

決議原則取締并先報工務局備案

主席 吳錫瀛

1016號

卅六、九、十六、

已辦

函發文電字第1049號

重慶電力公司業務會報紀錄

時間：三十六年九月十六日正午

地點：本公司會議室

出席 吳錫瀛 張玲 廖世浩 張容之 楊新民 黃大庸 劉佩雄
孫新傳 劉希益 易宗樸 蔡西雄 張承書 陳景嵐 章疇叙
劉伊凡 楊仿濤

主席 吳錫瀛

紀錄 董毓庚

重庆电力股份有限公司一九四七年度业务会报纪录（一九四七年） 0219-2-167

16

會報事項

一、吳總工程師報告臨江段停電案經該段居民要求以書面證明本公司工友胡占雲被合作社供銷處易先祀毆辱作證據外并請求復電公司以請求合理除華得來茶社外已予復電

二、用電組與各廠處取締竊電案件之處理如何解決案

決議：參照上次會報紀錄一、普通案件由組解決二、特殊案件徵詢各廠處意見後解決各廠處此項事先提請注意

三、楊科長新民報告一、三十五年度工友年假獎金領款批請各單位迅速造送以便發放二、九月份職工薪津約計六億二千萬元工友半月工津約計六億九千萬元時值秋節請早為準備

決議：一、各單位從速造送 二、交涉暫定職工各發半月薪津請業務科加緊收費會計科統籌配發

四、業務科請電務科撥一部份工人與業務科直接派用以利催費剪火工作

決議：照辦

五、[illegible]學校超級電費數字複雜，繳票太繁，擬請會計科研究後交業科辦理案

決議：照辦

六、工務局檢舉已領執照之電氣承裝商號共計兩家，又電匠九十名，是否全准代辦承裝手續，請決定案

決議：報請工務局核示

七、福利社聘雇員工是否照公司職工享受用電案

決議：非公司直接派用員工不得享受

主席 吳錫瀛

重庆电力股份有限公司一九四七年度业务会报纪录（一九四七年） 0219-2-167

15

卅六、九、廿七

重慶電力公司業務會報紀錄

時間：三十六年九月廿三日正午

地點：本公司會議室

出席 張玠 吳錫瀛 張永書 徐新傳 劉佩雄 陳景嶽

蕭西雄 劉希益 張容之 晁宗僕 廖世浩 章曉敘

楊新民 黄大庸 劉伊凡

主席 吳錫瀛

紀錄 董毓庚

會報事項

一、南岸分電站擬另購地皮改建以防火險惟購買地皮照地方習慣擬請當地人士一次以利進行案

決議 照辦

二、用戶以空頭支票繳納電費者擬移送法院辦理請指定專人辦理案

決議 由法律顧問研究後決定

三、二廠因缺煤已停機一部請速運煤接濟案

決議 總務科速運煤接濟并飭煤棧員工隨到隨起

四、業稅幫助催費暨火警士待遇如何支給案

决議照檢查用電警士待遇支給並由用電檢查組向警局綜請務據

五、竊表用電經查獲處辦後請有關部門迅予復文案

决議照辦

六、有關職關主要人員竊表用電經處辦後擬請照章予以裝表案

决議由總務科調查電表行情呈報經理室俟核定公佈保押金價格後再商酌辦

七、每月煤價擬請通知各廠案

决議由秘書室通知

八、有關電務事項請各單位直接通知電務科以宏效率案

决議照辦

主席 吴錫瀛

重庆电力股份有限公司一九四七年度业务会报纪录（一九四七年） 0219-2-167

重慶電力公司業務會報紀錄

時間 三十六年九月三十日正午

地點 本公司會議室

出席 楊新民 吳錫瀛 張進人 章疇叙 張容之 秦亞雄

陳景嵐 張永書 劉佩雄 劉希孟 易宗樸 黃大庸

廖世浩

主席 吳錫瀛

紀錄 張君鼎

會報事項

一 本公司庫房應用石料或混凝土建築請速決定以免物價上漲影響預算案

14

決議　由總工程師室考慮後決定

五、天廚味精廠請本公司派工代為植桿放綫案

決議　俟與該廠派員洽定再辦

六、低壓電表改換為高壓電表後燈力度數依何標準決定案

決議　由陳秦綳科長研究後由經理室決定

七、新戶電表押金應照電表市價計收按月調整一次案

決議　照辦

主席　吳錫瀛

卅六、九、三、

重庆电力股份有限公司一九四七年度业务会报纪录（一九四七年） 0219-2-167

重慶電力公司業務會報紀錄

時間 三十六年十月七日正午

地點 本公司會議室

出席 吳錫瀛 劉佩雄 黃大庸 張容之 章疇叙 陳景嵐

張進人 廖世浩 易宗樸 劉布孟 孫新傳 秦西雄

張永書 楊新民

主席 吳錫瀛

紀錄 張君鼎

會報事項

一、直接稅局派員洽請本公司將印花稅每五日結算一次案

決議：函復該局略以公司財政困難該局及所屬機關積欠電費達數千萬元請准予

二、九底工資在十四日後二十日前發出案
決議照辦
三、接戶器材價目按月調整布各單位照新價收取案
決議無異議
四、應付地價稅由公司統一結算案
決議照辦
五、一至八月份補發加薪定於本月廿三日後發給案
決議照辦

卅六、十、十三　主席　吳錫瀛

重庆电力股份有限公司一九四七年度业务会报纪录（一九四七年） 0219-2-167

重慶電力公司業務會報紀錄

時間 三十六年十月十四日正午

地點 本公司會議室

出席 吳錫瀛 黃大庸 易宗樸 劉希孟 章晴叙
秦西雄 陳景嵐 廖世浩 劉佩雄 歐陽鑑
張永書 張容之 張進人 楊新民

主席 吳錫瀛

紀錄 張君鼎

會報事項

一、九底工資改於二十日發出案

11

決議 無異議

二、燒煤競賽獎金酌予提高案

決議 由各廠主任會商決定

三、各廠臨時工案

決議 臨時工儘量減少工資增為每工七千元自下期起實行

四、南辦處建築分電站地皮需款壹百餘萬請儘先撥付案

決議 照辦

五、陝西街同盛電料行偽造封誌應為何辦理案

決議 依法起訴由秘書室函請杜顧問律師具狀地方法院

六、十月份薪工如何發放案

決議 截至月底止電費收入達到二十億時薪津先發半數

主席 吳錫瀛

卅六、十、卅、

重庆电力股份有限公司一九四七年度业务会报纪录（一九四七年） 0219-2-167

13

重慶電力公司業務會報紀錄

時間：三十六年十月二十八日正午

地點：本公司會議室

出席人：吳錫瀛 歐陽鑫 張永書 陳景嶽 章晴叔

劉伊凡 劉希孟 孫新傳 易宗樸 廖世浩

張容之 黃大庸 張進又

主席 吳錫瀛

紀錄 張君鼎

會報事項

一、本月底前需款二十八億應如何應付案

決議：加緊收費取締竊電重行劃分輪流停電區域及日期藉舒經濟困難

新聞本月應付煤款十五億元商請煤商緩收并將公司困難情形報告

劉董事長及程總經理

主席 吳錫瀛

卅六、十、卅

1186

廿六、十、廿八

重慶電力公司業務會報紀錄

時間、三十六年十月二十八日正午

地點、本公司會議室

出席 吳錫瀛 章疇叙 劉佩雄 楊仿陶 易宗模

張容之 杜岷英 楊新民 劉靜之 秦西雄 張進人

歐陽鑑 張永書 孫新傳 陳景嵐 劉伊九 劉希孟

黃大庸

主席 吳錫瀛

紀錄 張君鼎

會報事項

一、劉科長靜之報告有關業務三事

甲、林森路一帶用户以收費員表示停電次數太多停電時間又長因之收費困難希望重行劃分輪流停電辦法時予以注意

乙、經濟狀況 十月份報票金額七十六億收入六十二億庫存票據一萬九千三百多張共七十九億除整理票市府所屬機關票及自來水票外僅存票據一萬一千七百餘張金額僅四十幾億全數收入亦不能解救公司危機現在要向國家銀行商請低利貸款還清高利貸款借入長期債款償清短期負債并向大户預借一個月電費

丙、報館電費以付費三分之一問題未能解決應收未收票據有上百多張金額一億五千

重庆电力股份有限公司一九四七年度业务会报纪录（一九四七年） 0219-2-167

多萬

二、劉科長伊凡報告本公司支出情形煤及薪工每月需款六十億賠電費十幾億利息五億又一百四十四億貸款應還本息五億事務費尚未計入現在不是週轉不是收費根本問題是收入不敷的問題

決議（一二兩案詳報劉董事長請速回渝主持

三、海防香港損失器材請政府對日賠償交涉予以補償案

決議查案申請

四、製呢廠請改善電廠案

決議由六十四廠改供

五、電表押金十一月一日起調整案

決議由總務科擬定通知有關部份照辦

六、張組長容之報告大坪及青中學窃電情形

決議青中竊電依法起訴

七、警察局派來警察及警察出勤飯費應予增加案

決議由用電組簽請核定

八、楊科長新民報告十月份上半月工資八億元向中央交通接洽均無現鈔候日內飛機運到若有現鈔當給煤款二十二億六千萬尚無着落又工程購料庶務用品加班津貼等應力求撙節案

決議領用文具物品辦法由經理室通知各部門照辦

重庆电力股份有限公司一九四七年度业务会报纪录（一九四七年） 0219-2-167

9-1

九、修造保險庫案

決議：經費困難緩建

十、黃科長報告公司負債情形，商業銀行負債十五億，國家銀行負債十九億，又七八九月虧損三十億，預計十、十一、十二三月虧損約達三十億，本年虧損可達六十億，本比幾能可以渡過十一月半十一月底，萬分困難，年前又需發給年終獎金，無法維持，請籌良策案

決議：照一二兩案辦理

主席 吳錫瀛（印）

重慶電力股份有限公司一九四七年度業務會報紀錄（一九四七年）　0219-2-167

8

重慶電力公司業務會報紀錄

時間：三十六年十一月四日正午

地點：本公司會議室

出席　吳錫瀛　杜岷英　張進人　劉伊凡　劉靜之　劉佩雄　陳景崴
廖世浩　韋晴叙　黄大庸　劉希孟　楊新民　秦亞雄　楊仿陶
張容之　張永書　孫新傳　歐陽鑑

主席　吳錫瀛

紀錄　張君鼎

會報事項

一、各廠處及城内宿舍兩處加取宿費辦法重加改訂案

決議：由人事稽查庶務三股會商擬定辦法由楊科長爲召集人

二、人和灣宿舍增加房租案

決議由住宿人員擬定辦法公司代表交涉

三、用户請求換桿放綫應如何辦理案

決議：郊區及窃電區域絕對不換桿放綫，城區可酌量情形辦理

四、用户請求改用小表案

決議：大表改换小表照新價收取保押金，如不願辦理仍照大表收取底度費

五、教育學院重慶中學等請求换用大表案

決議：照技術室擬案，就應予擴大

六、電力用戶自行增加馬達案

決議：查獲後予以取締，或改裝電表

七、材料燃料應於三股月報案

決議：限一週內交總務科彙轉會計科

八、十月份下半月工資何日發放案

決議：俟十日新津期票兌付後即籌款發放

九、用電檢查組查獲竊電燈泡照四分之一市價售由公司承購案

決議：照辦

十、報聯會商請照學校機關例優待所屬會員報館用電案

決議：照辦

十一、江北廠地皮加租案

決議：由總務科洽辦

十二、新生市場裝用總表收費困難可否改由各用電戶頭直接裝表案

決議：接戶材料缺乏緩議

主席 吳錫瀛

卅六、十一、十四

重庆电力股份有限公司一九四七年度业务会报纪录（一九四七年） 0219-2-167

7

卅六、十一、十三、新

重慶電力公司業務會報紀錄

時間：三十六年十一月十八日正午

地點：本公司會議室

出席：吳錫瀛 韋㬢叙 嘉亞雄 劉佩雄 孫新傳 易宗㙫 劉靜之

劉希孟 張永書 歐陽鑑 劉伊凡 楊新民 張容也 張進人

楊仿濤 陳景嵐 黃大庸

主席 吳錫瀛

紀錄 張君鼎

會報事項

一、劉科長伊凡報告本日收支情形：十五日前可收二十億，備付煤款，十六日起收入先付工資，再籌發職員十月份半月薪津。

二、劉科長靜之報告今日煤價調整，照核准發下，十三日開始製票，至早十五日上街收費，對於本比開支不能為力

1288

三、福利長新民報告十一月份薪工較十月份增加百分之四十估計本月份薪工支出約三十億元

四、第六區公所請本公司補助自治經費五百餘萬元其他各廠處亦有請求補助者應如何辦理案

決議：照政府規定酌量捐助大溪溝廠為一戶捐助若干職工住宅內職工照規定級數捐助

五、三廠工人住宅沿成渝鐵路者約五十家應於明年一月四日前遷讓工人請求設法另覓住所案

決議：由三廠協助租房所需押金由公司酌量貸與

六、彈子石方棚第二次燒燬應如何辦理案

決議：調查正當用戶若干竊電戶若干登報說明停電原因較大方棚係險改低

七、二十一廠內開關應設法移出案

決議：照辦

八、行轅用電如何改善案

決議：自七星崗至行轅專線施工上困難請行轅協助解決經常轉換開關停電時間呈報行轅備查臨時停電以電話通知行轅總務處

主席 吳錫瀛

卅六.十二.廿

重慶電力公司業務會報紀錄

時間 卅六年十二月十八日正午

地點 本公司會議室

出席 吳錫瀛 呂宗樸 張進人 章曉叙 陳景嵐 劉佩雄 歐陽鑫

徐新傳 秦西雄 張永青 劉靜之 劉伊凡 劉希孟 張容之

廖世浩 黃大庸

主席 吳錫瀛

紀錄 張君鼎

會報事項

一、劉科長伊凡報告上月工資已開始發放本週內可發畢下週可發薪津月底應付煤款皆將大票製出收費

二、劉科長靜之報告（1）業科遵照會報決議實行管理工具紙張（2）加緊製票收費以應月底需要

三、張組長容之報告查獲竊電取回作証之灯泡拾查組同人願意全部捐獻公司前議作價四分之一作罷

四、黃科長大庸報告福利儲金已超過三十億事務日繁儲蓄部份應請另設一人為監

重庆电力股份有限公司一九四七年度业务会报纪录（一九四七年） 0219-2-167

暫增加會計人員一人

五、三廠堆存劣煤與煤渣接近有延燒之虞應如何處理案

決議 由三廠就近出售報繳公司

六、臨時工資不應積壓案

決議 按月發給

七、南岸分電站地皮租約屆滿請區民代表會簽訂案

決議 照辦

八、三廠廢鐵各廠派工收集向中國興業公司掉換灰口鐵翻製管子案

決議 照辦

主席 吳錫瀛（印：吳錫瀛）

重庆电力股份有限公司一九四七年度业务会报纪录（一九四七年） 0219-2-167

重慶電力公司業務會報紀錄

時間 三十六年十二月二十五日正午

地點 本公司會議廳

出席 程總經理 杜岷英 吳錫瀛 童曉叙 廖安浩 陳景嵐 劉佩雄

張容之 楊新民 蔡亞雄 歐陽鑑 孫新傳 張永書 張進人

劉靜之 劉希孟 馮宗模 黃大庸

主席 程總經理

紀錄 張君鼎

會報事項

一、近來煤源不暢，天府實源均以交通工具缺乏，煤斤積壓為由，未能積極運煤接濟

電發字第1353號

6

燧川公司來煤一千餘噸勉可燒用本月應付煤款二十五億應如何籌劃案

劉科長靜之報告十一月份製票金額可能達到一百四十億新電價十三日始奉到二十日上街收費此次電價增高用户付款較遲本月底收費數字恐不敷煤款開支

決議 業務科儘力趕收

二、二十四廠供電在六月份以前尚屬正常七月份以後大石垻同沙坪壩區域該廠供電佔百分之六十第三廠供電僅佔百分之四十應請廿四廠在下午五時至十一時間維持正常供電案

決議 函請該廠辦理

三、磁器口製呢廠用電擬由二十四廠供給改接綫路尚未辦理案

決議 與二十四廠洽商辦理

主席 程本臧（印：程本臧）

卅六、十一、廿八、

重庆电力股份有限公司一九四七年度业务会报纪录（一九四七年） 0219-2-167

卅六・十二・九

5

重慶電力公司業務會報紀錄

時間 三十六年十二月二日正午

地點 本公司會議室

出席 吴錫瀛 楊新民 張進人 張容之 黃大庸 陳景嵐 秦西雄
劉佩雄 廖世浩 孫新傳 歐陽鑑 劉伊凡 易宗樸 劉靜之
張永書 杜岷英 章嘯叙

主席 吴總工程師

紀錄 張君鼎

會報事項

一、冰廠欠費截億餘元，約定十二月五日起至月底止付清，冰廠要求停電剪火不撤表與營業章程不合，應如何補救案

決議：對於季節性用電免收底度費一節，由秘書室擬定草稿送業務科決定後呈請主管核定實行

二、增加接火費、校表費案

決議：由業務科擬定辦法送經理室核定

三、職工薪津所得稅自十二月份起由公司代扣案

決議：由經理室通告

四、五日報繳印花稅一次案

決議　函貨物稅局說明困難

五、每晚六時至十一時超機爐不勝負荷請設法改善案

決議　由總工程師召集業務電務用電檢查組及三辦事處會商解決辦法（甲）增加停電次數（乙）採用包燈制（丙）縮短供電綫路

六、自來水公司支票昨又退票影響公司信譽至鉅應如何辦理案

決議　仍請於二日十六日交保付支票函該公司并呈公務局以後由收費股與自來水公司接洽

七、十二月上半月工資正準備中惟市交兩行缺乏現鈔現正設法取現案

決議　由各主管轉知所屬知照

八、儲煤二萬噸貸款已通過請總務科與煤商洽定購運辦法案

決議　照辦

九、日來出納股未收到現鈔煤力均無法支付案

決議　由經理室通知收費股徵交電費非用戶所出支票出納股拒絕接收出納股亦不得以現鈔掉換支票

十、彈子石正街方棚燒燬三次此次需修理費壹千五百萬元公司損失甚鉅應設法與正當用戶人共同肅清偷竊電戶則不予恢復對於南洋兄弟煙草公司等大用戶改裝高壓電表案

決議　照辦

十一、呈請市府行轅會銜佈告嚴禁偷竊電表案

決議　照辦

主席　吳錫瀛（印）

4-1

十二、交辦賞及出勤津貼已照十一月份指數計算，暫照當前月份仍照十二月份指數計算，俟董事會原案案

決議：照辦

十三、業務科劉科長報告上月份收費情形及十二月製票金額總數大約六十餘億，明日上街收費比期需款急迫，擬濟急用戶郡望提高電廠臨時停電儘速登報公告，上月份應收各收電費達九十億，擬請增加收費員十名儘速收費案

決議：由學徒工役中提升十名，收取規則另訂之

十四、第二廠劉主任報告（甲）在原中學學生到廠請願（乙）第一線路各廠到廠請願（丙）軍官總隊武裝到廠請願，希望供給好煤電，遂州劣煤不收，三條線路負荷加以調整使其平衡案

決議：照辦

十五、沙坪壩自治經費商減為三十萬元，大溪溝擬補三百萬元，其他各處設法商減，由總務主管簽請經理室核定案

決議：照辦

卅六、十一、十二

主席 吳錫瀛

4

重慶電力公司業務會報紀錄

時間 三十六年十二月九日正午

地點 本公司會議室

出席 吳錫瀛 張進人 張容之 楊新民 劉佩雄 劉靜之
石宗樸 陳景嵐 秦丕雄 廖世浩 劉希孟 張永書
章嘯叙 歐陽鏸 黃大庸

主席 吳總工程師

紀錄 張君鼎

會報事項

一、季節性用電加收保証金及公共娛樂場所用電每月分三四次抄表收費案

決議 由秘書室擬稿呈請主管機關核定（按公共場所每半月或每旬抄表收費一次營業章程已有規定）

二、自來水公司電費由何人主持收取案

決議 由業務科負責

三、冬季儲煤由總務科負責洽辦案

決議 照辦

四、用戶用電保証書查保手續應如何規定案

決議 由秘書室查案擬具辦法

重庆电力股份有限公司一九四七年度业务会报纪录（一九四七年） 0219-2-167

五、野猫溪在原中學竊電案
決議（甲）將經過情形分報行轅市府工務局警備司令部市參議會教育局
（乙）請杜律師依法解決
（丙）請抄表股鄭姓抄表作為起訴証據之一
（丁）供給在原中學之方棚停電并登報公告

六、青年中學竊電案
決議由檢查組繼續交涉

七、紅十字會醫院於三十四年中請用電繳付保押金而未裝表先行用電近經檢查組查獲應如何辦理案
決議營電部份照補收電費辦法辦理現在裝表改照目前保押金數額收費

八、本公司十日職員津貼開付川鹽銀行支票無現鈔付給請轉知各部人員不去兌取現鈔案
決議照辦

九、五十廠定本月三十日晚起至一月六日止修理機爐停電本公司轉供水泥廠海棠溪黃桷埡望龍門一帶停電案
決議先期登報公告

十、臨時工工資改照本公司米貼買一担米之價付給案
決議照辦由經理室通知

十一、十二月份下半月工資由十六日起至二十日開發給案
決議照辦

重慶電力公司業務會報紀錄

時間：三十六年十二月十六日正午

地點：本公司會議室

出席 程總經理 張容之 楊新民 歐陽鉞 孫新傳 秦亞雄 廖世浩 張永書 章畴叔 陳景嵐 劉靜之 劉佩雄 劉希孟 張進人 黃大庸 劉伊凡

主席 程總經理

紀錄 張君鼎

會報事項

一、張組長容之報告在原中學及青年中學竊電交涉經過青中竊電與警局洽定明日由警局派幹員一名陪同前往作徹底解決

二、工業夜工廠停用電力業應登報公告并由各科調員協助用電檢查組辦理案

決議 照辦

三、楊科長新民報告與天府寶源交涉冬季供煤經過案

重庆电力股份有限公司一九四七年度业务会报纪录（一九四七年） 0219-2-167

四、總公司近發生盜案以後發給二廠工資時請團管區派憲兵數人護送并派二十一廠警衛人員保護廠務安全案

決議 照辦

五、發給薪工支票川康川鹽兩行已拒絕再辦現改由同心銀行民權路辦事處代辦案

決議 無異議

六、劉科長靜之報告收費情形并請迅調人員加緊收費案

決議 由各科室廠處各調一人幫助收費暫以三月為限會計科當場指定姚文安担任其他各部份限三日內將名單送出

七、劉科長伊凡報告負債情形各商業行莊債額十六億陽曆年底需款五十億舊曆年關以前需款二百億請迅收費以濟要需案

決議 增加收費員趕速收費

八、第二廠請撥好煤案

決議 劣煤拒收

卅六・十二・廿九・

主席 程本臧

重庆电力股份有限公司一九四七年度业务会报纪录（一九四七年） 0219-2-167

2

卅六、十二、廿五

重慶電力公司業務會報紀錄

時間：三十六年十二月廿三日正午

地點：本公司會議廳

出席 程總經理 張容之 吳錫瀛 劉希孟 歐陽鑑 黃大庸 劉伊凡

劉佩雄 陳景嵐 易宗樸 秦世驊 廖世浩 張進人 張永壽

劉靜之 章疇叔 孫新傳 杜曉英

主席 程總經理

紀錄 張君鼎

會報事項

一、年關在邇職員十二月份及工人十二月份工資及薪津如何籌發案

決議：看三數日內收費情形如何再行決定，如收費困難，職員工友可分別借支若干

二、劉科長靜之報告：用戶以電費過高，收費困難，工務局派員有時兩三天不來蓋章，製成票據

不[illegible]收善案

決議：准辭工務局職務，迅日到公司工作

三、本公司整理票不致超過九億，設法清理分攤票帳預收儲費票據約八億分向各辦事處洽收案

決議：照辦

四、各科室依送收費員之十二月份薪津仍由原處逕發案

決議：照辦

五、福利科請自十二月份起每月增加藥費壹千六百萬元，共為二千八百萬元案

決議：照准，以後每三月調整一次

主席 程本臧

程本臧

重庆电力股份有限公司一九四七年度业务会报纪录（一九四七年） 0219-2-167

39

37發文電字第54號

重慶電力公司業務會報紀錄

時間：三十七年元月十三日正午

地點：本公司會議室

出席 黄大庸 廖世浩 楊新民 劉佩雄 張容之 章畯叙 劉希孟

秦熙雄 張永書 陳景嵐 張進人 歐陽鑑 孫新傳 劉靜之

主席 黄科長

紀錄 張君鼎

會報事項

一、楊科長新民報告（甲）冬季儲煤與寶源訂約二千噸付款十三億餘元天府二千噸合約尚未簽訂中信局派駐稽核平定銘已到公司（乙）本月份電價改照經委會新定辦法計算工務局尚未核出（丙）十一月份指數增加百分之三十薪工開支約五十幾億薪津表已由庶務股編報工津表送各主管簽造有錢即發（丁）本次應付煤款五十八億計天府三十二億寶源十四億遂川九億五電（一為二億二〇）公司代扣代繳十二月份所得稅稅局未來收取送會計科暫存

二、黄科長大庸報告本月份開支需二百五十億計元月份薪工五十二億年終獎貸金四十八

億煤款五十八億商業行莊借款二十九億應付利息十億此外交行借款有十八億本比到期收回此款由川康川鹽承兌正向交行洽請展期尚無結果償新電價核出請業科及三辦廠主任分向大户洽借以濟急需

三、劉科長静之報告截至十二日為止共收繳電費票據六千八百九十六張金額四十億零七千餘萬元新報票據五千一百八十八張金額九十三億八千餘萬元庫存票據二萬一千八百四十張金額一百九十七億一千餘萬元水泥廠天原電化廠五十廠等轉賬電費三十一億在内舊歷年關前如收費各種需要不生問題時可能收達一百五十億與蕭科長所提需要二百五十億相較尚差一百億

四、本公司營業章程應加修訂案

決議 下星期二上午由陳科長三辦廠主任會商修改

五、市屬各機關欠費抵付營業稅業務科將上項票據清出交會計科記賬案

決議 照辦

主席 黄大廣 [印]

重庆电力股份有限公司一九四八年度业务会报纪录（一九四八年） 0219-2-286

63

37 發文 電業第245號

重慶電力公司業務會報紀錄

時間：三十七年二月二日正午

地點：本公司會議室

出席：吳總工程師 張進人 張容之 劉伊凡 秦世雄 鄭德鉅 孫新傳

陳景嵐 童疇叙 劉靜之 劉佩雄 廖安浩 張永書 羅[illegible]璞

歐陽鎰 黄大庸 董辛甫

主席：吳總工程師

紀錄：張君鼎

會報事項

一、楊科長報告（甲）二底付出煤款三十六億七千餘萬，欠付煤款四十一億六千餘萬。二月份薪工津貼可於本月四日起開始發放。（乙）福利委員代表請爲轉達兩事（A）已知示繳所得税應退還職工（B）當月發薪願照八折接受，次月補發照市息加算案

決議：上次會報決議處理所得税辦法係顧及計算上困難，究應如何處理，由福利委員會主任及福利社總幹事分别向會徵詢意見再辦

二、三廠修理打水船案

決議：先由總務科詢價，會同機務科決定

三、同层平内同一户名只能装用一只电表如容量不够改用大表案

决议：照办。

四、整理营业章程案

决议：本星期六上午由业务科三办事处商讨

五、三十六年度年结已结出全年亏损四十亿左右物件材料盘存由总务科速办案

决议：无异议

六、用户支票退票由会计科办理案

决议：通过，办理退票人员之调配由业会两科会同总工程师解决

主席 吴锡瀛

重庆电力股份有限公司一九四八年度业务会报纪录（一九四八年） 0219-2-286

37年文電字第195號

重慶電力公司業務會報紀錄

時間：三十七年二月十七日正午

地點：本公司會議室

出席　吳總工程師　張容之　楊新民　鄭德鉅　劉希孟　吳伊九
　　　劉佩雄　劉靜之　孫新傳　秦亞雄　廖學浩　陳景嵐
　　　張永青　歐陽鑑　易宗驥　張進人

主席　吳總工程師

紀錄　張君鼎

會報事項

一、楊科長新民報告（甲）寶源欠交一月份煤觔一千餘噸已照交足照一月份煤價結算（乙）二月份新工較一月份增加百分之十五計為六十億（丙）二月半到期應付煤款三十餘億二月下月煤款總計五十餘億

以上報告無異議

二、本公司用煤以天府寶源遂川竟成唯一五廠之煤為卑紫

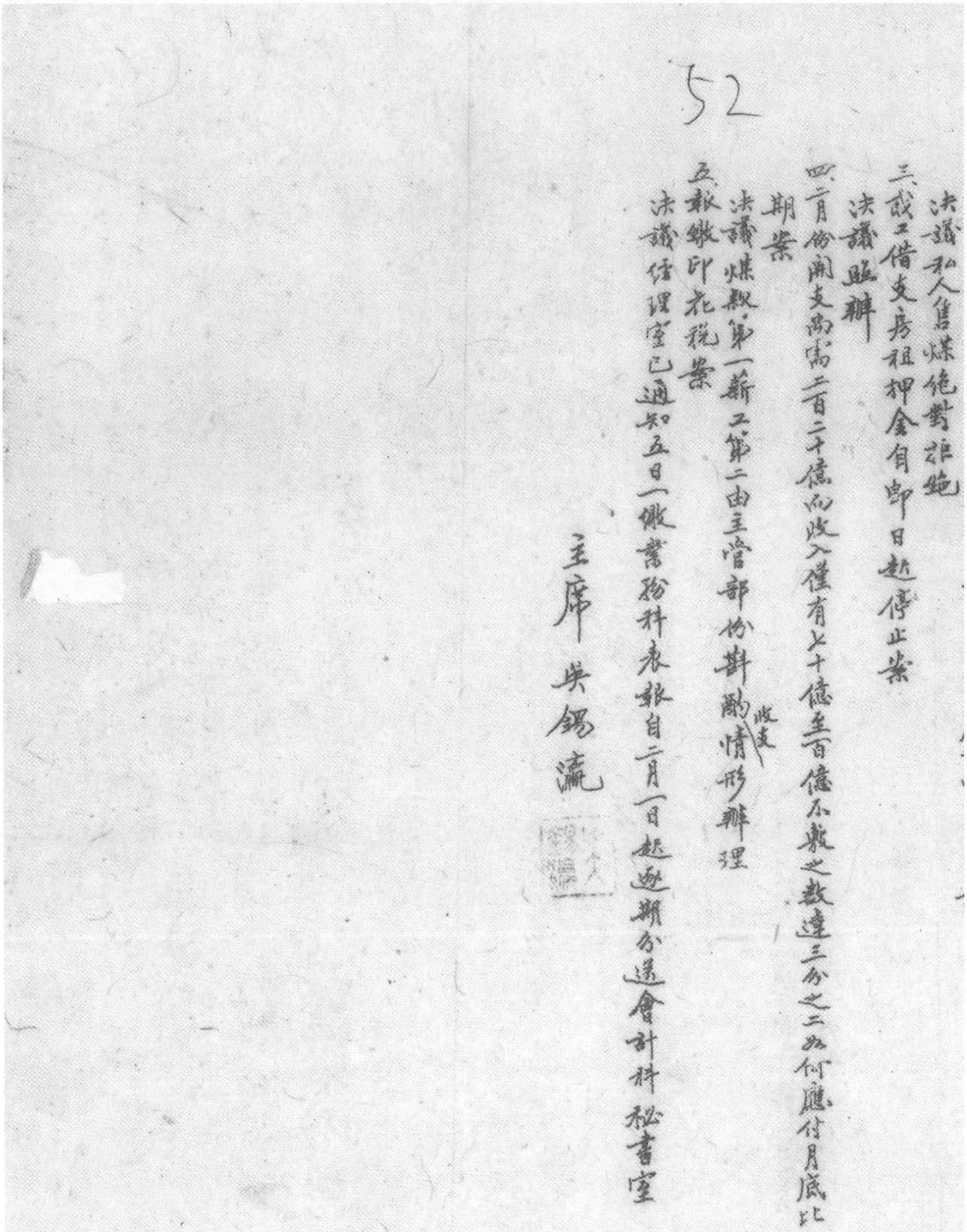
52

決議私人售煤絕對拒絕

三、職工借支房租押金自即日起停止案

決議照辦

四、二月份開支尚需二百二十億而收入僅有七十億至百億不敷之數達三分之二如何應付月底比期案

決議煤款第一薪工第二由主管部份斟酌收支情形辦理

五、報繳印花稅案

決議經理室已通知五日一繳業務科表報自二月一日起逐期分送會計科秘書室

主席 吳錫瀛

重庆电力股份有限公司一九四八年度业务会报纪录（一九四八年） 0219-2-286

48

37燮文電字第226號

重慶電力公司業務會報紀錄

時間：三十七年二月二十四日正午

地點：本公司會議室

出席：吳總工程師　楊新民　鄭德鉅　劉希益　董辛甫　易宗樸

劉伊凡　陳景崑　章畴叙　廖世浩　秦亞雄　張進人

歐陽鑑　黄大庸　劉佛雄　張永書

主席：吳總工程師

紀錄：張君鼎

會報事項

一、二月份上半月工資二十三億（職員止薪部份約計十二億七千萬）亟應發放惟收費困難逐日支付煤力及零星費用在一億以上本月應付煤款約達一百億本月應如何籌劃案

決議：本月收入悉數付給煤款自三月二日起全部電費收入陸續發給薪工依照慣例先發職員半月薪津廣帮發二上半期工資

二、本公司發電半數被竊郊區供電儘量減少城區申請裝表者儘量供應案

決議：照辦並發表新聞

三、調整各宿舍所扣房貼案

決議：住一間者扣房貼百分之三十住二間者扣百分之六十住三間者扣百分之百至多不得

住三間以上數人合住一間者照比額攤派和平路民國路宿舍房貼照本案辦理

凡派在各部門之役應受各該主管指揮改續案

決議照辦

五、大溪溝廠房電話生一人不甚禮貌外界人士數次提說應即懲罰案

決議照辦

六、遇有竊取電表之賊又繳用戶自備電表辦法應予取消案

決議先發新聞有關部門詳細研究後再辦

七、接電及焊線材料補助費酌量提高案

決議照辦

八、電費以外之收入由業科以三辦廠送存當地銀行以送金簿抵解現金案

決議業科及三辦事處研討後再辦

九、照最近公佈之第二類所得稅扣稅規定一月份照原辦法多扣所得稅之全部交福利社作為獎學金案

決議照辦

主席 吳錫瀛 [印]

重庆电力股份有限公司一九四八年度业务会报纪录（一九四八年） 0219-2-286

37發文電字第291號

68

重慶電力公司業務會報紀錄

時間：三十七年三月九日正午

地點：本公司會議室

出席：吳總工程師 張進人 楊新民 劉希孟 鄭德銘 張容之

廖世浩 陳景嵐 韋時叙 易宗樸 劉伊凡 秦丕雄

孫新傳 劉佛雄

主席 吳總工程師

紀錄 張君鼎

會報事項

一、楊科長報告：二月份上半月薪工本日發清，下半月薪津一十億，工資二十三億，又本次煤款九十八億，至少應付六十億，如何劃籌案

決議：本次儘先付給煤款，自十六日起電費收入發放薪工，其大工廠電費由業務科及各辦事處洽請付給，以渡難關

二、修理三廠打水船案

決議：由楊科長、易科長、劉主任希孟、孫主任會同於本日下午與船廠商決

三、南岸辦事處請修理木船案

決議：與前案同時商決

重庆电力股份有限公司一九四八年度业务会报纪录（一九四八年） 0219-2-286

四、大佛段窃电案
决议：商请各工厂安装专用变压器，以便白天停电，半夜供给电灯。
五、改进自来水公司收费办法案
决议：商自来水公司并呈工务局。
六、张经长报告用电检查组工作进况
七、马科长报告福利委员会决议已和交缴所得税应退还员工案
决议：退还。

主席 吴锡瀛

61

重慶電力公司業務會報紀錄

時間 三十七年三月十六日正午

地點 本公司會議室

出席 吳總工程師 劉靜之 易宗樸 廖世浩 歐陽鐵 秦西雄 劉佩雄 陳景嵐 張永書 鄭德鉅 劉希孟 張容之 章疇叙 張進人 楊仿濤 劉伊凡 徐新傳

主席 吳總工程師

紀錄 張君鼎

會報事項

一、簡化用户裝表手續案

決議 修訂營業章程時予以放寬，檢驗合格而未繳費者改照現價繳費，已繳費而未裝表者查明情形予以解決，內部辦事手續力求迅速

二、請求政府配撥電機案

決議 具呈市府轉請中央速撥

主席 吳錫瀛（印）

37 發文重字第324號

重庆电力股份有限公司一九四八年度业务会报纪录（一九四八年）　0219-2-286

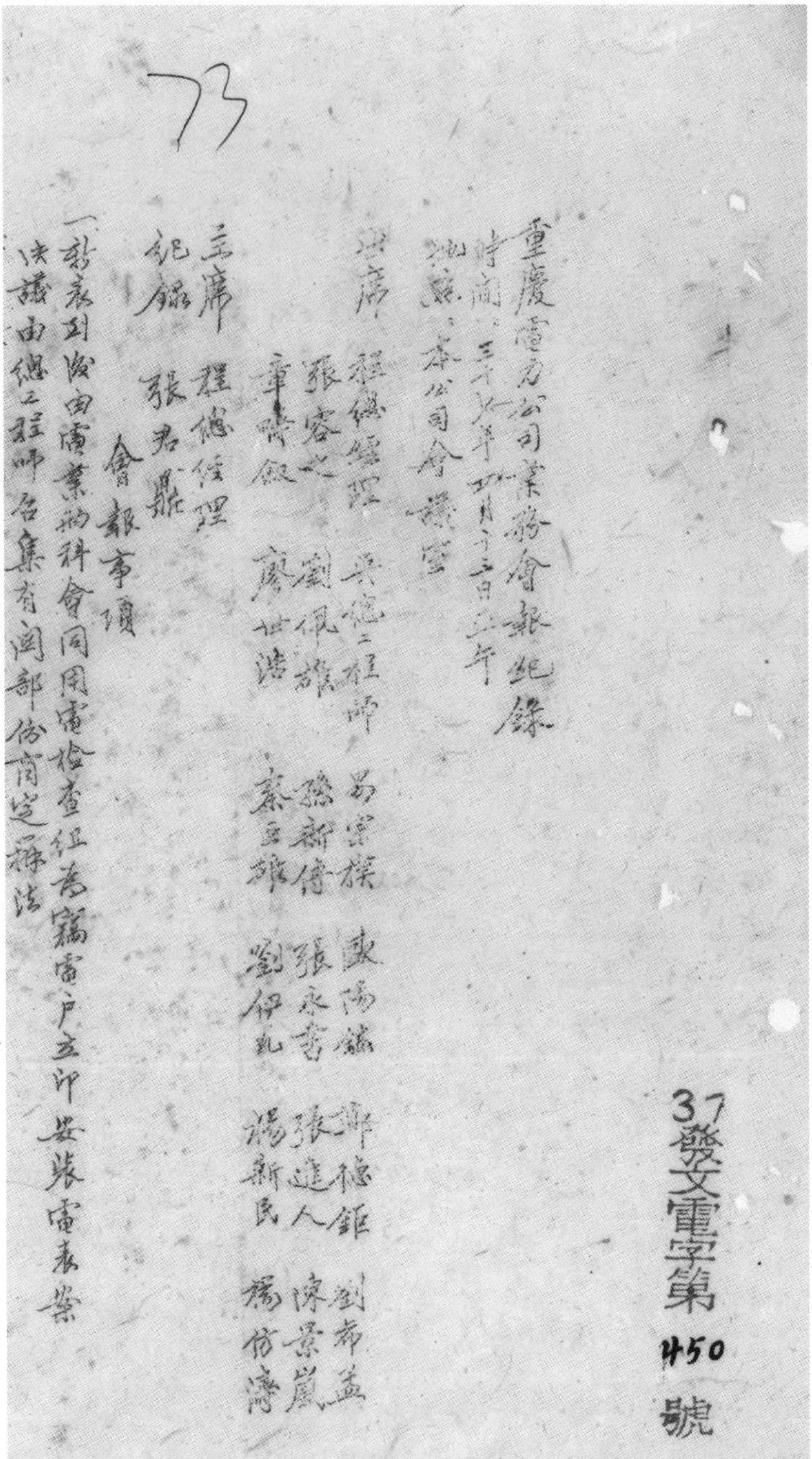

73

重慶電力公司業務會報紀錄

時間：三十七年四月二十日上午

地點：本公司會議室

出席：程總經理　吳總工程師　易宗模　歐陽鐵　鄧德鉅　劉希益
張容之　劉佩雄　孫新偉　張承書　張進人　陳景嵐
章時欽　廖世浩　秦玉雄　劉伊凡　楊新民　楊仿濟

主席：程總經理

紀錄：張君鼎

會報事項

一、新表到後由營業科會同用電檢查組普編電戶立即安裝電表案

決議：由總工程師召集有關部份商定辦法

37發文電字第450號

二、霓虹灯萤光灯收费办法案
决议由郭工程师民永草拟
三、本月应付煤款四百六十一亿五千万，内计天府壹百一十一亿，宝源三十一亿，遂川壹十九亿五千万，如何应付案
决议视明日收费情形再行决定
四、南岸办事处请派员查验房屋漏雨情况及雇工修理案
决议由总务科办理
五、烧坏电表由业务科派外勤一人会同电务科清查案
决议无异议
六、原拟发各部门备用金不敷应用，请予增拨案
决议由各部门开列实际需要，请由经理室核增

主席 程本臧

重庆电力股份有限公司一九四八年度业务会报纪录（一九四八年） 0219-2-286

37
發文電字第635號

77

重慶電力公司業務會報紀錄

時間：三十七年四月廿七日正午

地點：本公司會議廳

出席 程總經理 吳總工程師 張睿之 楊新民 易宗樸 黄大庸 劉布益

劉佩雄 楊倚濤 劉伊九 鄭德鉅 孫新傳 張永書 秦亞雄

陳景嵐 章時敏 張進人 歐陽鑑

主席 程總經理

紀錄 張君鼎

重庆电力股份有限公司一九四八年度业务会报纪录（一九四八年） 0219-2-286

會報事項

一、張組長容之報告查獲兩面用電數起，請有關各部門將點許各戶通知用電檢查組參考

二、楊科長新民報告（甲）四月份薪津已發一半，工津可於廿九日開始發給一半（乙）四月份煤款需二百四十一億（丙）請工務局遷還所借吉普車一輛

三、劉科長伊九報告公司收支情形，希望月底前收取自來水及水泥公司電費濟用

四、渝西自來水公司欠付補助費燒表賠費等應如何辦理案

決議：請查欠費確數，派員催收，月底前不付立即剪火

五、集團勸請窃電戶裝表辦法已經商定，俟各部派員決定印行出動案

決議：照辦

六、霓光燈或霓虹燈收費辦法

決議：自五月份起收費，五月五日前清查完竣

主席 程本臧

程本臧

重庆电力股份有限公司一九四八年度业务会报纪录（一九四八年） 0219-2-286

84

重慶電力公司業務會報紀錄

時間：三十七年五月四日正午

地點：本公司會議室

出席：程總經理 吳總工程師 杜岷英 楊何濤 黃大庸 張進人

劉希孟 楊新民 易宗樸 劉伊凡 鄭德鉅 張密之

劉佩雄 孫麟傳 秦亞雄 覃晴叙 廖世浩 張永書

歐陽鑑 陳景嵐

主席：程總經理

紀錄：張君鼎

會報事項

一、新表裝出辦法已由業電兩科會商決定簽請經理核准即行辦理案

決議：照辦

37 發文電字第591號

二、由總務科購置螢光燈兩隻裝在公司以為示範案

決議 照辦

三、螢光燈計算電費辦法案

決議 抄見度數加上螢光燈度數再行分級並將螢光燈計度各種辦法由經理室通知各有關部門

84-1

四、天府寶源以四月份欠費煤款日來煤運欠暢應如何辦理案

決議 本半付清四月份煤款仍請源源供應本公司為大量用户商請各礦商予以折扣優待

五、劉科長伊凡報告四月份下半月薪工本星期起可開始陸續發放

主席 程本臧

重庆电力股份有限公司一九四八年度业务会报纪录（一九四八年） 0219-2-286

90

37 發文電字第701號

重慶電力公司業務會報紀錄

時間：三十七年五月十八日正午

地點：本公司會議室

出席 吳總工程師 張進人 楊新民 劉希孟 歐陽鑑 張永書 鄢德銘

秦西雄 章疇叙 劉靜之 黃大庸 廖世浩 易宗樸 陳景嵩

劉伊凡 楊仿壽 張容之

主席 吳總工程師

紀錄 張君鼎

會報事項

一、預收電費案

決議：已報票之大股預收電費與繳由各主管部門列表由稽核室派員查核報請經理室核辦

二、楊科長新民報告（甲）四月份煤款已付清，大府尚多付，煤商表示滿意（乙）大生木廠案已會同杜律師與木商面商解決

三、用電調查表請於本星期內交秘書室案

決議：照原議

四、第三厂员工请求派员临时巡兵工厂医务室接洽三厂员工诊病案
决议：交职工福利委员会统筹，托三厂人员先与兵工厂洽商
五、沙坪坝事务处请求与沙磁医院洽商员工医药办法案
决议：由职工福利委员会统筹，由沙处先洽
六、宝源公司精选煤不合精选标准应照普通煤价计算案
决议：照办
七、调整用电保证金案
决议：用电保证金以底度为计算根据，按月照电价调整。电力底度以每马达每马力二十五度计算，电灯底度照表加倍计算
八、刘科长伊凡报告：（甲）四开两扇规定按来账目元以下四捨五入计算，由经理室通知各部门，以后做帐照此办理。（乙）二十日起陆续发给五月份半个月薪工
九、张组长报告最近取缔窃电情形，并请由各部门比照厂工数目调派十分之一人员参加取缔工作，暂以三月为度（当班员工不调派）案
决议：照办。公司员工不得为窃电人说情请託，由经理室通知各部门

出席 吴锡瀛（印）